COMPAGNIE

DES

CHEMINS DE FER DU MIDI.

LOIS, DÉCRETS

ET

CAHIER DES CHARGES DES CONCESSIONS, ETC.

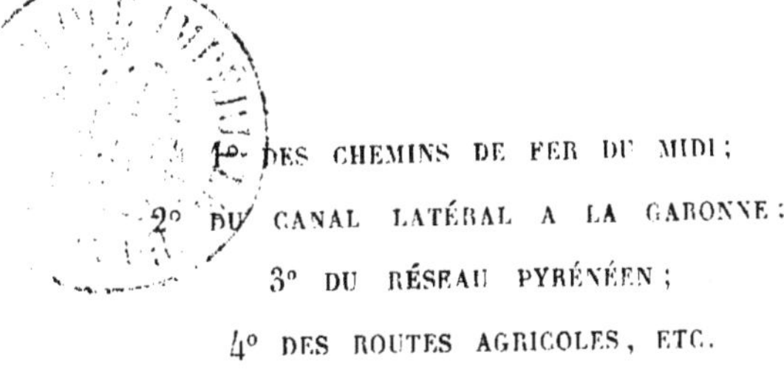

1° DES CHEMINS DE FER DU MIDI;

2° DU CANAL LATÉRAL A LA GARONNE;

3° DU RÉSEAU PYRÉNÉEN;

4° DES ROUTES AGRICOLES, ETC.

PARIS,

IMPRIMERIE ADMINISTRATIVE DE PAUL DUPONT,

Rue de Grenelle-Saint-Honoré, 45.

—

1858

BULLETIN DES LOIS

DE LA RÉPUBLIQUE FRANÇAISE.

N° 558.

N° 4253. — *Loi sur le Chemin de fer de Bordeaux à Cette et le Canal latéral à la Garonne.*

Du 8 Juillet 1852.

CORPS LÉGISLATIF.

Session de 1852.

Le Corps législatif a adopté le projet de loi dont la teneur suit :

Article unique. Le ministre des travaux publics est autorisé à concéder directement le chemin de fer de Bordeaux à Cette, et le canal latéral à la Garonne, aux clauses et conditions du cahier des charges ci-annexé.

Délibéré en séance publique, à Paris, le 27 juin 1852.

Le President,

Signé **Billault**.

Les Secrétaires,

Signé **Ed. Dalloz, Macdonald duc de Tarente, baron Eschassériaux.**

SÉNAT.

Session de 1852.

Le Sénat ne s'oppose pas à la promulgation de la loi portan

autorisation de concéder le chemin de fer de Bordeaux à Cette et le canal latéral à la Garonne.

Délibéré en séance, au palais du Sénat, le 3 juillet 1852.

Le Président,

Signé JÉROME-NAPOLÉON BONAPARTE.

Les Secrétaires,

Signé Général REGNAUD DE SAINT-JEAN-D'ANGELY, CAMBACÉRÈS, Baron T. DE LACROSSE.

La présente loi, revêtue du sceau de l'État, sera promulguée et insérée au *Bulletin des lois.*

Fait au palais de Saint-Cloud, le 8 juillet 1852.

Le Président de la République,

Signé LOUIS-NAPOLÉON.

Vu et scellé du grand sceau :

Le Garde des sceaux, Ministre secrétaire d'Etat au département de la justice,

Signé ABBATUCCI.

Par le Président :

Le Ministre d'Etat,

Signé X. DE CASABIANCA.

Cahier des charges pour la concession du Chemin de fer de Bordeaux à Cette et du Canal latéral à la Garonne.

TITRE Ier.

CLAUSES RELATIVES AU CHEMIN DE FER DE BORDEAUX A CETTE.

ART. 1er. Le chemin de fer de Bordeaux à Cette se composera de six sections distinctes :

La première, de Bordeaux à Castets ;
La seconde, de Castets à Agen ;
La troisième, d'Agen à Toulouse ;
La quatrième, de Toulouse à Carcassonne ;
La cinquième, de Carcassonne à Béziers ;
La sixième, de Béziers à Cette.

2. La compagnie s'engage à exécuter, à ses frais, risques et périls, tous les travaux du chemin de fer de Bordeaux à Cette, et à les terminer dans les délais ci-après, savoir :

Pour la 1re section.................................. 2 ans,
Pour la 2e.. 4 ans,
Pour la 3e.. 5 ans,
Pour la 4e et la 5e.................................. 6 ans,
Pour la 6e.. 2 ans,

de manière que toutes les sections soient praticables et exploitées dans les délais ci-dessus fixés, et que la ligne entière soit ouverte à l'exploitation dans un délai de six ans.

Ces délais courront à dater du décret de concession.

3. Le chemin de fer partira du quartier sud de Bordeaux, d'un point qui sera déterminé par l'administration supérieure ; il suivra la rive gauche de la Garonne jusqu'à la hauteur de Langon ; il traversera le fleuve à un point situé entre Langon et Fontet, et, s'établissant ensuite sur la rive droite du fleuve, il ira passer à ou près Sainte-Bazeille, Charmande, Tonneins, Aiguillon, Port-Sainte-Marie, Agen, Moissac et Montauban, et arrivera à Toulouse.

De Toulouse, le chemin de fer se dirigera sur Castelnaudary, Carcassonne et Narbonne, ira passer à ou près Béziers, et de Béziers se portera sur Cette, par Mèze, suivant le tracé qui sera déterminé par l'administration supérieure.

Dans le cas où il serait ultérieurement décidé que le chemin de fer d'Orléans à Bordeaux se raccordera avec le chemin de fer de Bordeaux à Cette, les conditions de l'établissement et de l'usage de la gare commune seront réglées par l'administration supérieure.

4. Le ministre des travaux publics, au nom de l'Etat, s'engage à payer à la compagnie, à titre de subvention, pour l'exécution du chemin de fer de Bordeaux à Cette, la somme de quarante millions (40,000,000f).

Cette somme sera versée en vingt payements égaux, à la charge par la compagnie de justifier, avant chaque payement, de l'emploi en achats de terrains ou en travaux et approvisionnements sur place, d'une somme de six millions (6,000,000f)

Le dernier versement ne sera fait qu'au moment de l'ouverture de la ligne entière.

5. A dater de l'homologation de la convention, la compagnie devra soumettre à l'approbation de l'autorité supérieure, de deux mois en deux mois, et par sections de vingt kilomètres au moins, rapporté sur un plan à l'échelle de un à cinq mille, le tracé définitif du chemin de fer. Elle indiquera sur ce plan, sans préjudice des dispositions de l'article 8 ci-après, la position et le tracé des gares de stationnement et d'évitement, ainsi que les lieux de chargement et de déchargement.

A ce même plan devront être joints un profil en long, suivant l'axe du chemin de fer, un certain nombre de profils en travers, le tableau des pentes et rampes, et un devis explicatif comprenant la description des ouvrages. La compagnie sera autorisée à prendre copie des plans, nivellements et devis dressés aux frais de l'Etat.

En cours d'exécution, la compagnie aura la faculté de proposer les modifications qu'elle pourrait juger utile d'introduire ; mais ces modifications ne pourront être exécutées que moyennant l'approbation préalable, et le consentement formel de l'administration supérieure.

6. Les terrains seront acquis, et les travaux d'art seront exécutés immédiatement pour deux voies ; les terrassements pourront être exécutés, et les rails pourront être posés pour une voie seulement, sauf l'établissement d'un certain nombre de gares d'évitement.

La compagnie concessionnaire sera tenue, d'ailleurs, d'établir la deuxième voie dès que l'insuffisance d'une seule voie, par suite de l'accroissement de la circulation, sera constatée par l'administration.

L'excédant de largeur acquis par la compagnie concessionnaire ne pourra être employé qu'à l'établissement de cette seconde voie.

La largeur du chemin de fer en couronne est fixée, pour une voie, à quatre mètres cinquante centimètres (4m 50c). Dans les parties où deux voies seront établies, la largeur en couronne est fixée à huit mètres trente centimètres (8m 30c) dans les parties en levée, et à sept mètres quarante centimètres (7m 40c) dans les tranchées et les rochers, non compris les fossés nécessaires à l'écoulement des eaux, et à huit mètres (8m) entre les parapets des ponts et dans les souterrains.

La largeur de la voie entre les bords intérieurs des rails devra être de un mètre quarante-quatre centimètres (1m 44c) à un mètre quarante-cinq centimètres (1m 45c). La distance entre les deux voies, dans les parties où elles seront établies, sera au moins égale à un mètre quatre-vingts centimètres (1m 80c), mesurée entre les faces extérieures des rails de chaque voie. La largeur des accotements, ou, en d'autres termes, la largeur entre les faces extérieures des rails extrêmes et l'arête extérieure du chemin sera au moins égale à un mètre cinquante centimètres (1m 50c) dans les parties en levées, et à un mètre (1m), dans les tranchées et les rochers, non compris les fossés nécessaires à l'écoulement des eaux, et à un mètre trente-cinq centimètres (1m 35c) entre les parapets des ponts et dans les souterrains.

7. Les alignements devront se rattacher suivant des courbes dont le rayon minimum est fixé à cinq cents mètres (500m), et, dans le cas de ce rayon minimum, les raccordements devront, autant que possible, s'opérer sur des paliers horizontaux.

Le maximum des pentes et rampes du tracé n'excédera pas cinq millimètres par mètre.

La compagnie aura la faculté de proposer aux dispositions de cet article, comme à celles de l'article précédent, les modifications dont l'expérience pourra indiquer l'utilité ou la convenance ; mais ces modifications ne pourront être exécutées que moyennant l'approbation préalable et le consentement formel de l'administration supérieure.

8. Le nombre, l'étendue et l'emplacement des gares d'évitement seront déterminés par l'administration, la compagnie préalablement entendue.

Indépendamment des gares d'évitement, la compagnie sera tenue d'établir, pour le service des localités traversées par le chemin de fer ou situées dans le voisinage de ce chemin, des gares ou ports secs, destinés tant aux stationnements qu'aux chargements et aux déchargements, et dont le nombre, l'emplacement et la surface seront déterminés par l'administration, après enquête préalable.

9. A moins d'obstacles locaux, dont l'appréciation appartiendra à l'administration, le chemin de fer, à la rencontre des routes nationales ou départementales, devra passer soit au-dessus, soit au-dessous de ces routes.

Les croisements de niveau seront tolérés pour les chemins vicinaux, ruraux ou particuliers.

10. Lorsque le chemin de fer devra passer au-dessus d'une route nationale ou départementale, ou d'un chemin vicinal, l'ouverture du pont ne sera pas moindre de huit mètres pour la route nationale, de sept mètres pour la route départementale, de cinq mètres pour le chemin vicinal de grande communication, et de quatre mètres pour le simple chemin vicinal. La hauteur sous clef, à partir de la chaussée de la route, sera de cinq mètres au moins ; pour les ponts en charpente, la hauteur sous poutre sera de quatre mètres trente centimètres au moins ; la largeur

entre les parapets sera au moins de huit mètres, et la hauteur de ces parapets de quatre-vingts centimètres au moins.

11. Lorsque le chemin de fer devra passer au-dessous d'une route nationale ou départementale, ou d'un chemin vicinal, la largeur entre les parapets du pont qui supportera la route ou le chemin, sera fixée au moins à huit mètres pour la route nationale, à sept mètres pour la route départementale, à cinq mètres pour le chemin vicinal de grande communication, et à quatre mètres pour le chemin vicinal.

L'ouverture du pont entre les culées sera au moins de huit mètres, et la distance verticale entre l'intrados et le dessus des rails ne sera pas moindre de quatre mètres cinquante centimètres.

12. Lorsque le chemin traversera une rivière, un canal ou un cours d'eau, le pont aura la largeur de voie et la hauteur de parapets fixées à l'article 10.

Quant à l'ouverture du débouché et à la hauteur sous clef au-dessus des eaux, elles seront déterminées par l'administration, dans chaque cas particulier, suivant les circonstances locales.

13. Les ponts à construire à la rencontre des routes nationales et départementales, et des rivières ou canaux de navigation et de flottage, seront en maçonnerie ou en fer.

Ils pourront aussi être construits avec travées en bois et piles et culées en maçonnerie ; mais il sera donné à ces piles et culées l'épaisseur nécessaire pour qu'il soit possible ultérieurement de substituer aux travées en bois, soit des travées en fer, soit des arches en maçonnerie.

14. S'il y a lieu de déplacer les routes existantes, la déclivité des pentes ou rampes sur les nouvelles directions ne pourra excéder trois centimètres par mètre pour les routes nationales ou départementales, et cinq centimètres pour les chemins vicinaux.

L'administration restera libre, toutefois, d'apprécier les circonstances qui pourraient motiver une dérogation à la règle précédente.

15. Les ponts à construire à la rencontre des routes nationales et départementales et des rivières ou canaux de navigation et de flottage, ainsi que les déplacements des routes nationales et départementales, ne pourront être entrepris qu'en vertu de projets approuvés par l'administration supérieure.

Le préfet du département, sur l'avis de l'ingénieur en chef des ponts et chaussées, et après les enquêtes d'usage, pourra autoriser les déplacements des chemins vicinaux et la construction des ponts à la rencontre de ces chemins et des cours d'eau non navigables ni flottables.

16. Dans le cas où des routes nationales ou départementales, ou des chemins vicinaux, ruraux ou particuliers seraient traversés à leur niveau par le chemin de fer, les rails ne pourront être élevés au-dessus ou baissés au-dessous de la surface de ces routes de plus de trois centimètres. Les rails et le chemin de fer devront, en outre, être disposés de manière à ce qu'il n'en résulte aucun obstacle à la circulation.

Des barrières seront tenues fermées de chaque côté du chemin de fer partout où cette mesure sera jugée nécessaire par l'administration.

Un gardien, payé par la compagnie, sera constamment préposé à la garde et au service de ces barrières.

17. La compagnie sera tenue de rétablir et d'assurer à ses frais l'écou-

lement de toutes les eaux dont le cours serait arrêté, suspendu ou modifié par les travaux dépendants de l'entreprise.

Les aqueducs qui seront construits à cet effet sous les routes nationales ou départementales seront en maçonnerie ou en fer.

18. A la rencontre des rivières flottables ou navigables, la compagnie sera tenue de prendre toutes les mesures et de payer tous les frais nécessaires pour que le service de la navigation et du flottage n'éprouve ni interruption ni entrave pendant l'exécution des travaux.

La même condition est expressément obligatoire pour la compagnie à la rencontre des routes nationales et départementales et autres chemins publics ; à cet effet, des routes et ponts provisoires seront construits par les soins et aux frais de la compagnie partout où cela sera jugé nécessaire.

Avant que les communications existantes puissent être interceptées, les ingénieurs des localités devront reconnaître et constater si les travaux provisoires présentent une solidité suffisante, et s'ils peuvent assurer le service de la circulation.

Un délai sera fixé pour la durée et l'exécution de ces travaux provisoires.

19. Les percées ou souterrains dont l'exécution sera nécessaire auront au moins huit mètres de largeur entre les pieds-droits au niveau des rails, et cinq mètres cinquante centimètres de hauteur sous la clef, à partir de la surface du chemin ; la distance verticale entre l'intrados et le dessus des rails extérieurs de chaque voie sera au moins de quatre mètres soixante et quinze centimètres.

Si les terrains dans lesquels les souterrains seront ouverts présentaient des chances d'éboulement ou de filtration, la compagnie sera tenue de prévenir ou d'arrêter ce danger par des ouvrages solides et imperméables.

20. Les puits d'airage et de construction des souterrains ne pourront avoir leur ouverture sur aucune voie publique, et là où ils seront ouverts, ils seront entourés d'une margelle en maçonnerie de deux mètres de hauteur.

21. La compagnie pourra employer dans la construction du chemin de fer les matériaux communément en usage dans les travaux publics de la localité ; toutefois, les têtes de voûte, les angles, socles, couronnements, extrémités de radiers seront, autant que possible, en pierre de taille. Dans les localités où il n'existera pas de pierre de taille, l'emploi de la brique ou du moellon dit *d'appareil* sera toléré.

Les rails et autres éléments constitutifs de la voie de fer devront être de bonne qualité et propres à remplir leur destination. Le poids des rails sera au moins de trente-sept kilogrammes par mètre courant, sur les voies de circulation, et de trente kilogrammes, dans le cas où la compagnie voudrait poser des rails sur longrines.

22. Tous les terrains destinés à servir d'emplacement au chemin de fer et à toutes ses dépendances, tels que gares de croisement et de stationnement, lieux de chargement et de déchargement, ainsi qu'au rétablissement des communications déplacées ou interrompues, et de nouveaux lits des cours d'eau, seront achetés et payés par la compagnie.

La compagnie est substituée aux droits, comme elle est soumise à toutes les obligations qui dérivent, pour l'administration, de la loi du 3 mai 1841.

23. L'entreprise étant d'utilité publique, la compagnie est investie de tous les droits que les lois et règlements confèrent à l'administration elle-même pour les travaux de l'État. Elle pourra, en conséquence, se procurer par les mêmes voies les matériaux de remblai et d'empierrement nécessaires à la construction et à l'entretien du chemin de fer ; elle jouira, tant pour l'extraction que pour le transport et le dépôt des terres et matériaux, des priviléges accordés par les mêmes lois et règlements aux entrepreneurs de travaux publics, à la charge par elle d'indemniser à l'amiable les propriétaires des terrains endommagés, ou, en cas de non-accord, d'après les règlements arrêtés par le conseil de préfecture, sauf recours au conseil d'État, sans que, dans aucun cas, elle puisse exercer de recours à cet égard contre l'administration.

24. Les indemnités pour occupation temporaire ou détérioration de terrains, pour chômage, modification ou destruction d'usines, pour tout dommage quelconque résultant des travaux, seront supportées et payées par la compagnie.

25. Les ouvrages qui seraient situés dans le rayon des places et dans la zone des servitudes, et qui, aux termes des règlements actuels, devraient être exécutés par les officiers du génie militaire, le seront par les agents de la compagnie, mais sous le contrôle et la surveillance de ces officiers, et conformément aux projets particuliers qui auront été préalablement approuvés par les ministres de la guerre et des travaux publics.

La même faculté pourra être accordée, par exception, pour les travaux sur le terrain militaire occupé par les fortifications, toutes les fois que le ministre de la guerre jugera qu'il n'en peut résulter aucun inconvénient pour la défense.

26. Si la ligne du chemin de fer traverse un sol déjà concédé pour l'exploitation d'une mine, l'administration déterminera les mesures à prendre pour que l'établissement du chemin de fer ne nuise pas à l'exploitation de la mine, et réciproquement, pour que, le cas échéant, l'exploitation de la mine ne compromette pas l'existence du chemin de fer.

Les travaux de consolidation à faire dans l'intérieur de la mine, à raison de la traversée du chemin de fer, et tous les dommages résultant de cette traversée pour les concessionnaires de la mine, seront à la charge de la compagnie.

27. Si le chemin de fer doit s'étendre sur des terrains renfermant des carrières, ou les traverser souterrainement, il ne pourra être livré à la circulation avant que les excavations qui pourraient en compromettre la solidité n'aient été remblayées ou consolidées. L'administration déterminera la nature et l'étendue des travaux qu'il conviendra d'entreprendre à cet effet, et qui seront, d'ailleurs, exécutés par les soins et aux frais de la compagnie du chemin de fer.

28. Pendant la durée des travaux qu'elle effectuera par des moyens et des agents à son choix, la compagnie sera soumise au contrôle et à la surveillance de l'administration. Ce contrôle et cette surveillance auront pour objet d'empêcher la compagnie de s'écarter des dispositions qui lui sont prescrites par le présent cahier des charges.

29. A mesure que des travaux seront terminés sur des parties de chemin de fer, de manière que ces parties puissent être livrées à la circulation, il sera procédé à leur réception par un ou plusieurs commissaires que l'administration désignera ; le procès-verbal du ou des commissaires délégués ne sera valable qu'après homologation par l'administration supérieure.

Après cette homologation, la compagnie pourra mettre en service lesdites parties du chemin de fer, et y percevoir les droits de péage et les prix de transport ci-après déterminés.

Toutefois, ces réceptions partielles ne deviendront définitives que par la réception générale et définitive du chemin de fer.

30. Après l'achèvement total des travaux, la compagnie fera faire à ses frais un bornage contradictoire et un plan cadastral du chemin de fer et de ses dépendances; elle fera dresser, également à ses frais, et contradictoirement avec l'administration, un état descriptif des ponts, aqueducs et autres ouvrages d'art qui auront été établis conformément aux conditions du présent cahier des charges.

Une expédition dûment certifiée des procès-verbaux de bornage, du plan cadastral et de l'état descriptif, sera déposée, aux frais de la compagnie, dans les archives de l'administration des ponts et chaussées.

31. Le chemin de fer et toutes ses dépendances seront constamment entretenus en bon état, et de manière que la circulation soit toujours facile et sûre.

L'état dudit chemin et de ses dépendances sera reconnu annuellement, et plus souvent, en cas d'urgence ou d'accidents, par un ou plusieurs commissaires que désignera l'administration.

Les frais d'entretien et ceux de réparation, soit ordinaires, soit extraordinaires, resteront entièrement à la charge de la compagnie.

Pour ce qui concerne cet entretien et ces réparations, la compagnie demeure soumise au contrôle et à la surveillance de l'administration.

Si le chemin de fer, une fois achevé, n'est pas constamment entretenu en bon état, il y sera pourvu d'office, à la diligence de l'administration et aux frais de la compagnie. Le montant des avances faites sera recouvré par des rôles que le préfet du département rendra exécutoires.

32. Les frais de visite, de surveillance et de réception des travaux seront supportés par la compagnie. Ces frais seront imputés sur la somme que la compagnie est tenue de verser annuellement à la caisse centrale du trésor, conformément à l'article 73 ci-après.

En cas de non-versement dans le délai fixé, le préfet rendra un rôle exécutoire, et le montant en sera recouvré comme en matière de contributions publiques.

33. Si, dans le délai d'une année, à dater de l'homologation de la convention, la compagnie ne s'est pas mise en mesure de commencer les travaux qu'elle est chargée d'exécuter, et si elle ne les a pas effectivement commencés, elle sera déchue de plein droit de la concession du chemin de fer et sans qu'il y ait lieu à aucune mise en demeure ni notification quelconque.

Dans le cas de déchéance prévu au paragraphe précédent, la somme déposée, ainsi qu'il sera dit à l'article 57, à titre de cautionnement, deviendra la propriété de l'Etat et restera acquise au trésor public.

Les travaux une fois commencés, le cautionnement sera rendu par cinquième et proportionnellement à l'avancement des travaux.

34. Faute par la compagnie d'avoir entièrement exécuté et terminé les travaux à sa charge dans les délais fixés, faute aussi par elle d'avoir rempli les diverses obligations qui lui sont imposées par le présent cahier des charges, elle encourra la déchéance, et il sera pourvu à la continua-

tion et à l'achèvement des travaux, comme à l'exécution des autres engagements contractés par la compagnie, par le moyen d'une adjudication qu'on ouvrira sur les clauses du présent cahier des charges, et sur une mise à prix des ouvrages déjà construits, des matériaux, des terrains achetés, et des portions de chemin déjà mises en exploitation.

La compagnie évincée recevra de la nouvelle compagnie la valeur que la nouvelle adjudication aura déterminée.

La partie non encore restituée du cautionnement deviendra la propriété de l'Etat.

Si l'adjudication ouverte n'amène aucun résultat, une seconde adjudication sera tentée sur les mêmes bases, après un délai de six mois, et, si cette seconde tentative reste également sans résultat, la compagnie sera définitivement déchue de tous droits à la concession, et les portions de chemin déjà exécutées ou qui seraient mises en exploitation deviendront immédiatement la propriété de l'Etat.

En cas d'interruption partielle ou totale de l'exploitation du chemin de fer, l'administration prendra immédiatement, aux frais et risques de la compagnie, les mesures nécessaires pour assurer provisoirement le service.

Si, dans les trois mois de l'organisation du service provisoire, la compagnie n'a pas valablement justifié des moyens de reprendre et de continuer l'exploitation, et si elle ne l'a pas effectivement reprise, la déchéance pourra être prononcée par le ministre des travaux publics.

Les dispositions de l'article 33 et du présent article ne seront point applicables au cas où le retard ou la cessation des travaux, ou l'interruption de l'exploitation proviendrait de force majeure régulièrement constatée.

35. La contribution foncière sera établie en raison de la surface des terrains occupés par le chemin de fer et par ses dépendances ; la cote en sera calculée comme pour les canaux, conformément à la loi du 25 avril 1803.

Les bâtiments et magasins dépendants de l'exploitation du chemin de fer seront assimilés aux propriétés bâties dans la localité, et la compagnie devra également payer toutes les contributions auxquelles ils pourront être soumis.

L'impôt dû au trésor sur le prix des places ne sera prélevé que sur la partie du tarif correspondant au prix du transport des voyageurs.

36. Des règlements d'administration publique, rendus après que la compagnie aura été entendue, détermineront les mesures et les dispositions nécessaires pour assurer la police, l'exploitation et la conservation du chemin de fer et des ouvrages qui en dépendent.

Toutes les dépenses qu'entraînera l'exécution de ces mesures et de ces dispositions resteront à la charge de la compagnie.

La compagnie sera tenue de soumettre à l'approbation de l'administration les règlements de toute nature qu'elle fera pour le service et l'exploitation du chemin de fer.

Les règlements dont il s'agit dans les deux paragraphes précédents seront obligatoires pour la compagnie et pour toutes celles qui obtiendraient ultérieurement l'autorisation d'établir des lignes de chemin de fer d'embranchement ou de prolongement, et, en général, pour toutes les personnes qui emprunteraient l'usage du chemin de fer.

37. Les machines locomotives seront construites sur les meilleurs mo-

dèles connus. Elles devront consumer leur fumée et devront satisfaire, d'ailleurs, à toutes les conditions prescrites ou à prescrire par le Gouvernement pour la mise en circulation de cette classe de machines.

Les voitures de voyageurs devront également être du meilleur modèle. Elles seront toutes suspendues sur ressorts et garnies de banquettes.

Il y en aura de trois classes au moins.

Les voitures de la première classe seront couvertes, garnies et fermées à glaces.

Celle de la deuxième classe seront couvertes, fermées à g aces, et auront des banquettes rembourées;

Celles de la troisième classe seront couvertes et fermées à vitres.

Les places seront numérotées dans les voitures de troisième classe comme dans celles de première et de deuxième classe.

Les voitures de toutes les classes devront remplir les conditions réglées ou à régler pour les voitures qui servent au transport des personnes.

Les waggons de marchandises et de bestiaux seront de bonne et solide construction.

38. Le chemin de fer sera clôturé et séparé des proprietés particulières par des murs ou des haies ou des poteaux avec lisses.

Les barrières fermant les communications particulières s'ouvriront sur les terres, et non sur le chemin de fer.

39. Pour indemniser la compagnie des travaux et dépenses qu'elle s'engage à faire par le présent cahier des charges, et sous la condition expresse qu'elle en remplira exactement toutes les obligations, le Gouvernement lui accorde, pour un laps de quatre-vingt-dix-neuf années, à dater de l'epoque fixée pour l'achèvement des travaux de la ligne entière de Bordeaux à Cette, l'autorisation de percevoir les droits de péage et les prix de transport ci-après déterminés.

Il est expressément entendu que les prix de transport ne seront dus à la compagnie qu'autant qu'elle effectuerait elle-même ce transport à ses frais et par ses propres moyens.

La perception aura lieu par kilomètre, sans égard aux fractions de distance; ainsi, un kilomètre entamé sera payé comme s'il avait été parcouru. Néanmoins, pour toute distance parcourue moindre de six kilomètres, le droit sera perçu comme pour six kilomètres entiers.

Le poids de la tonne est de mille kilogrammes; les fractions de poids ne seront comptées que par centième de tonne; ainsi, tout poids compris entre zéro et dix kilogrammes payera comme dix kilogrammes; entre dix et vingt kilogrammes, il payera comme vingt kilogrammes; entre vingt et trente kilogrammes, il payera comme trente kilogrammes, etc.

L'administration déterminera, par des règlements spéciaux, la compagnie entendue, le minimum et le maximum de vitesse des convois de voyageurs et de marchandises, et des convois spéciaux des postes, ainsi que la durée du trajet.

Dans chaque convoi, la compagnie aura la faculté de placer des voitures spéciales pour lesquelles les prix seront réglés par l'administration, sur la proposition de la compagnie; mais il est expressément stipulé que le nombre de places à donner dans ces voitures n'excédera pas le cinquième du nombre total des places du convoi.

A moins d'autorisation spéciale et révocable de l'administration, tout convoi régulier de voyageurs devra contenir, en quantite suffisante, des voitures de toutes classes destinées aux personnes qui se présenteront dans les bureaux du chemin de fer.

TARIF. (Par tête et par kilomètre.)	PRIX de péage.	PRIX de transport.	TOTAL.
	fr. c.	fr. c.	fr. c.
Voyageurs non compris l'impôt du dixième sur le prix des places.			
Voitures couvertes, garnies et fermées à glaces (1re classe)	0 067	0 033	0 10
Voitures couvertes fermées à glaces et à banquettes rembourrées (2e classe)	0 050	0 025	0 075
Voitures couvertes et fermées à vitres (3e classe).	0 037	0 018	0 055
Bestiaux.			
Bœufs, vaches, taureaux, chevaux, mulets, bêtes de trait	0 07	0 03	0 10
Veaux et porcs	0 025	0 015	0 04
Moutons, brebis, agneaux, chèvres	0 01	0 01	0 02
(Par tonne et par kilomètre).			
Poissons.			
Huîtres et poissons frais, à la vitesse des voyageurs	0 30	0 20	0 50
Marchandises.			
Première classe. — Fontes moulées, fer et plomb ouvrés, cuivre et autres métaux ouvrés ou non, vinaigres, vins, boissons, spiritueux, huiles, cotons, lainages, bois de menuiserie, de teinture et autres bois exotiques, sucres, café, drogues, épiceries, denrées coloniales et objets manufacturés	0 10	0 08	0 18
Deuxième classe. — Blés, grains, farines, sels, chaux et plâtre, minerais, coke, charbon de bois, bois à brûler (dit de corde), perches, chevrons, planches, madriers, bois de charpente, marbre en bloc, pierres de taille, bitumes, fontes brutes, fer en barres ou en feuilles, plomb en saumons	0 09	0 07	0 16
Troisième classe. — Pierres à chaux, moellons, meulières, cailloux, sable, argile, tuiles, briques, ardoises, pavés et matériaux de toute espèce pour la construction et la réparation des routes	0 08	0 06	0 14
Houille, marne, cendres, fumier et engrais	0 60	0 04	0 10
Objets divers.			
Wagon et chariot destinés au transport sur le chemin de fer, y passant à vide	0 06	0 06	0 12

TARIF.	PRIX de péage.	PRIX de transport.	PRIX TOTAL.
(Par tonne et par kilomètre.)	fr. c.	fr. c.	fr. c.
Toute autre voiture destinée au transport sur le chemin de fer, y passant à vide, et machine locomotive ne traînant pas de convoi.........	0 15	0 10	0 25
(Les machines locomotives seront considérées et taxées comme ne remorquant pas de convoi, lorsque le convoi remorqué, soit en voyageurs, soit en marchandises, ne comportera pas un péage au moins égal à celui qui serait perçu sur une machine locomotive avec son allége, marchant sans rien traîner.)			
(Par pièce et par kilomètre.)			
Voiture à deux ou quatre roues, à un fond et à une seule banquette dans l'intérieur........	0 15	0 10	0 25
Voiture à 4 roues et à deux fonds, et à 2 banquettes dans l'intérieur..............................	0 18	0 14	0 32
(Le tarif sera double si le transport a lieu à la vitesse des voyageurs. Dans ce cas, deux personnes pourront, sans supplément de tarif, voyager dans les voitures à une banquette, et trois, dans les voitures à deux banquettes. Les voyageurs excédant ce nombre payeront le prix des places de deuxième classe.)			

Les marchandises qui, sur la demande des expéditeurs, seraient transportées à la vitesse des voyageurs, payeront à raison de trente-six centimes la tonne.

Les chevaux et bestiaux, dans le cas indiqué au paragraphe précédent, payeront le double des taxes portées au tarif.

39 *bis*. Dans le cas où la compagnie jugerait convenable, soit pour le parcours total, soit pour les parcours partiels de la voie de fer, d'abaisser au-dessous des limites déterminées par le tarif les taxes qu'elle est autorisée à percevoir, les taxes abaissées ne pourront être relevées qu'après un délai de trois mois au moins pour les voyageurs, et d'un an pour les marchandises.

Tous changements apportés dans les tarifs seront annoncés un mois d'avance par des affiches. Ils devront d'ailleurs être homologués par des décisions de l'administration supérieure, prises sur la proposition de la compagnie, et rendues exécutoires, dans chaque département, par des arrêtés du préfet.

La perception des taxes devra se faire par la compagnie indistinctement et sans aucune faveur. Dans le cas où la compagnie aurait accordé à un ou plusieurs expéditeurs une réduction sur l'un des prix portés au tarif avant de la mettre à exécution, elle devra en donner connaissance à l'administration, et celle-ci aura le droit de déclarer la réduction, une fois consentie, obligatoire vis-à-vis de tous les expéditeurs et applicable à tous les articles d'une même nature. La taxe ainsi réduite ne pourra, comme pour les autres réductions, être relevée avant un délai d'un an.

Les réductions ou remises accordées à des indigents ne pourront, dans aucun cas, donner lieu à l'application de la disposition qui précède.

En cas d'abaissement des tarifs, la réduction portera proportionnellement sur le péage et le transport.

40. Tout voyageur dont le bagage ne pèsera pas plus de trente kilogrammes n'aura à payer, pour le port de ce bagage, aucun supplément du prix de sa place.

41. Les denrées, marchandises, effets, animaux et autres objets non désignés dans le tarif précédent, seront rangés, pour les droits à percevoir, dans les classes avec lesquelles ils auraient le plus d'analogie.

Les assimilations de classes pourront être provisoirement réglées par la compagnie; elles seront soumises immédiatement à l'administration, qui prononcera définitivement.

42. Les droits de péage et les prix de transport déterminés au tarif précédent ne sont point applicables,

1° A toute voiture pesant, avec son chargement, plus de quatre mille cinq cents kilogrammes (4,500 kil.) ;

2° A toute masse indivisible pesant plus de trois mille kilogrammes (3,000 kil.).

Néanmoins, la compagnie ne pourra se refuser ni à transporter les masses indivisibles pesant de trois mille à cinq mille kilogrammes, ni à laisser circuler toute voiture qui, avec son chargement, pèserait de quatre mille cinq cents à huit mille kilogrammes; mais les droits de péage et les prix de transport seront augmentés de moitié.

La compagnie ne pourra être contrainte à transporter les masses indivisibles pesant plus de cinq mille kilogrammes (5.000 kil.), ni à laisser circuler les voitures autres que les machines locomotives, qui, chargement compris, pèseraient plus de huit mille kilogrammes (8,000 kil.).

Si, nonobstant la disposition qui précède, la compagnie transporte les masses indivisibles pesant plus de cinq mille kilogrammes, et laisse circuler les voitures autres que les machines locomotives qui, chargement compris, pèseraient plus de huit mille kilogrammes, elle devra, pendant trois mois au moins, accorder les mêmes facilités à tous ceux qui lui en feront la demande.

43. Les prix de transport déterminés au tarif ne sont point applicables,

1° Aux denrées et objets qui ne sont pas nommément énoncés dans le tarif, et qui, sous le volume d'un mètre cube, ne pèsent pas deux cents kilogrammes (200 kil.);

2° A l'or et à l'argent, soit en lingots, soit monnayés ou travaillés; au plaqué d'or ou d'argent, au mercure et au platine, ainsi qu'aux bijoux, pierres précieuses et autres valeurs;

3° Et en général à tous paquets, colis ou excédants de bagage pesant isolément moins de cinquante kilogrammes, à moins que ces paquets, colis ou excédants de bagage ne fassent partie d'envois pesant ensemble au delà de cinquante kilogrammes d'objets envoyés par une même personne à une même personne, et d'une même nature, quoique emballés à part, tels que sucre, café, etc.

Dans les trois cas ci-dessus spécifiés, les prix de transport seront arrêtés annuellement par l'administration, sur la proposition de la compagnie.

Au-dessus de cinquante kilogrammes, quelle que soit la distance parcourue, le prix de transport d'un colis ne pourra être taxé à moins de quarante centimes (40 c.).

44. Au moyen de la perception des droits et des prix réglés ainsi qu'il vient d'être dit, et sauf les exceptions stipulées au présent cahier des charges, la compagnie contracte l'obligation d'exécuter constamment avec soin, exactitude et célérité, et sans tour de faveur, le transport des voyageurs, bestiaux, denrées, marchandises et matières quelconques qui lui seront confiés. Les bestiaux, denrées, marchandises et matières quelconques seront transportées dans l'ordre de leur numéro d'enregistrement.

Toute expédition de marchandises dont le poids, sous un même emballage, excédera vingt kilogrammes, sera constatée, si l'expéditeur le demande, par une lettre de voiture, dont un exemplaire restera aux mains de la compagnie, et l'autre aux mains de l'expéditeur.

La même constatation sera faite, sur la demande de l'expéditeur, pour tout paquet ou ballot pesant moins de vingt kilogrammes, dont la valeur aura été préalablement déclarée.

La compagnie sera tenue d'expédier les marchandises dans les deux jours qui suivront la remise. Toutefois, si l'expéditeur consent à un plus long délai, il jouira d'une réduction d'après un tarif approuvé par le ministre des travaux publics.

Les frais accessoires non mentionnés au tarif, tels que ceux de chargement, de déchargement et d'entrepôt dans les gares et magasins du chemin de fer, seront fixés annuellement par un règlement qui sera soumis à l'approbation de l'administration supérieure.

Les expéditeurs ou destinataires resteront libres de faire eux-mêmes, et à leurs frais, le factage et le camionnage de leurs marchandises, et la compagnie n'en sera pas moins tenue, à leur égard, de remplir les obligations énoncées au paragraphe premier du présent article.

Dans le cas où la compagnie consentirait, pour le factage et le camionnage des marchandises, des arrangements particuliers à un ou plusieurs expéditeurs, elle sera tenue, avant de les mettre à exécution, d'en informer l'administration, et ces arrangements profiteront également à tous ceux qui lui en feraient la demande.

45. A moins d'une autorisation spéciale de l'administration, il est interdit à la compagnie, sous les peines portées par l'article 419 du Code pénal, de faire directement ou indirectement, avec des entreprises de transport de voyageurs ou de marchandises, par terre ou par eau, sous quelque dénomination ou forme que ce puisse être, des arrangements qui ne seraient pas consentis en faveur de toutes les entreprises desservant les mêmes routes.

Les règlements d'administration publique rendus en exécution de l'article 36 ci-dessus prescriront toutes les mesures nécessaires pour assurer la plus complète égalité entre les diverses entreprises de transport, dans leurs rapports avec le service du chemin de fer.

46. Les militaires ou marins voyageant isolément pour cause de service, envoyés en congé pour appartenir à la réserve, envoyés en congé limité ou en permission, ou rentrant dans leurs foyers après libération, ne seront assujettis, eux et leurs bagages, qu'au quart de la taxe du tarif ci-dessus fixé.

Si le Gouvernement avait besoin de diriger des troupes et un matériel militaire ou naval sur l'un des points desservis par la ligne du chemin de fer, la compagnie serait tenue de mettre immédiatement à sa disposition et à moitié de la taxe du tarif, tous les moyens de transport établis pour l'exploitation du chemin de fer.

47. Les ingénieurs, inspecteurs de l'exploitation commerciale, commissaires et sous-commissaires attachés à la surveillance du chemin de fer seront transportés gratuitement dans les voitures de la compagnie.

La même faculté est accordée aux agents des contributions indirectes et à ceux de l'administration des douanes, chargés de la surveillance du chemin de fer, dans l'intérêt de la perception de l'impôt.

48. Le service des lettres et dépêches sera fait comme il suit :

1° A chacun des trains de voyageurs et de marchandises circulant aux heures ordinaires de l'exploitation, la compagnie sera tenue de réserver gratuitement deux compartiments spéciaux d'une voiture de deuxième classe pour recevoir les lettres, les dépêches et les agents nécessaires au service des postes, le surplus de la voiture restant à la disposition de la compagnie.

2° Si le volume des dépêches ou la nature du service rend insuffisante la capacité des deux compartiments à deux banquettes, de sorte qu'il y ait lieu d'employer une ou deux voitures spéciales, le transport cessera d'être gratuit et sera payé à raison de vingt-cinq centimes au plus par kilomètre et par voiture pour tous les convois autres que les trains rapides marchant à des vitesses exceptionnelles. Pour ces derniers, les prix seront établis à raison des frais résultant de l'accroissement de vitesse, et fixés de gré à gré ou à dire d'experts. Lorsque la compagnie voudra changer les heures de départ de ses convois ordinaires, elle sera tenue d'en avertir l'administration des postes quinze jours à l'avance.

3° Un train spécial régulier, dit *train journalier de la poste*, sera mis gratuitement chaque jour, à l'aller et au retour, à la disposition du ministre des finances pour le transport des dépêches sur toute l'étendue de la ligne.

4° L'étendue du parcours, les heures de départ et d'arrivée, soit de jour, soit de nuit, la marche et les stationnements de ce convoi seront réglés par le ministre des travaux publics et le ministre des finances, la compagnie entendue.

5° Indépendamment de ce train, il pourra y avoir tous les jours, à l'aller et au retour, un ou plusieurs convois spéciaux dont la marche sera réglée comme il est dit ci-dessus. La rétribution payée à la compagnie pour chaque convoi ne pourra exceder soixante et quinze centimes par kilomètre parcouru pour la première voiture, et vingt-cinq centimes pour chaque voiture en sus de la première, à moins que le transport ne soit fait par des trains rapides, marchant à des vitesses exceptionnelles, auxquel cas les prix seront établis à raison des frais résultant de l'accroissement de vitesse, et fixés de gré à gré ou à dire d'experts.

6° La compagnie pourra placer dans les convois spéciaux de la poste des voitures de toutes classes, pour le transport, à son profit, des voyageurs et des marchandises.

7° La compagnie ne pourra être tenue d'établir des convois spéciaux ou de changer les heures de départ, la marche et le stationnement de ces convois, qu'autant que l'administration l'aura prévenue par écrit quinze jours à l'avance.

8° Néanmoins, toutes les fois que, en dehors des services réguliers, l'administration requerra l'expédition d'un convoi extraordinaire, soit de jour, soit de nuit, cette expédition devra être faite immédiatement, sauf l'observation des règlements de police. Le prix sera ultérieurement réglé de gré à gré ou à dire d'experts, entre l'administration et la compagnie.

9° L'administration des postes fera construire, à ses frais, les voitures qu'il pourra être nécessaire d'affecter spécialement au transport et à la manutention des dépêches. Elle réglera la forme et les dimensions de ces voitures, sauf l'approbation, par le ministre des travaux publics, des dispositions qui intéressent la régularité et la sécurité de la circulation. Elles seront montées sur châssis et sur roues. Leur poids ne dépassera pas huit mille kilogrammes, chargement compris. L'administration des postes fera entretenir à ses frais ces voitures spéciales; toutefois, l'entretien des châssis et des roues sera à la charge de la compagnie.

10° La compagnie ne pourra réclamer aucune augmentation des prix ci-dessus indiqués, lorsqu'il sera nécessaire d'employer des plates-formes au transport des malles-postes ou des voitures spéciales en réparation.

11° La compagnie sera tenue de fournir, à chacun des points extrêmes de la ligne, ainsi qu'aux principales stations intermédiaires, un emplacement sur lequel l'administration des postes pourra faire construire des bureaux d'entrepôt des dépêches, et des hangars pour le chargement et le déchargement des malles-postes. Les dimensions de cet emplacement ne devront pas excéder huit mètres en tous sens.

12° La valeur locative du terrain ainsi fourni par la compagnie lui sera payée de gré à gré ou à dire d'experts.

13° Sa position sera choisie de manière que les bâtiments qui y seront construits, aux frais de l'administration des postes, ne puissent entraver en rien le service de la compagnie.

14° L'administration se réserve le droit d'établir à ses frais, sans indemnité, tous les poteaux ou appareils nécessaires à l'échange des dépêches, sans arrêt de trains, à la condition que ces appareils, par leur nature ou par leur position, n'apportent pas d'entrave aux différents services de la ligne ou des stations.

49. La compagnie sera tenue, à toute réquisition, de faire partir, par convoi ordinaire, les waggons ou voitures cellulaires employés au transport des prévenus, accusés ou condamnés.

Les waggons seront construits aux frais de l'État ou des départements, et leurs dimensions déterminées par un arrêté du ministre de l'intérieur.

Les employés de l'administration, gardiens, gendarmes et prisonniers placés dans les waggons ou voitures cellulaires, ne seront assujettis qu'a la moitié de la taxe du tarif de la dernière classe.

Le transport des voitures et des waggons sera gratuit.

50. Le Gouvernement se réserve la faculté de faire, le long des voies, toutes les constructions, de poser tous les appareils nécessaires à l'établissement d'une ligne télégraphique électrique; il se réserve aussi le droit de faire toutes les réparations, et de prendre toutes les mesures propres à assurer le service de la ligne télégraphique, sans nuire au service du chemin de fer.

Sur la demande de l'administration des lignes télégraphiques, il sera réservé, dans les gares des villes et des localités qui seront désignées ultérieurement, le terrain nécessaire à l'établissement de maisonnettes destinées à recevoir le bureau télégraphique et son matériel.

La compagnie concessionnaire sera tenue de faire garder par ses agents les fils et les appareils des lignes électriques, de donner aux employés télégraphiques connaissance de tous les accidents qui pourraient survenir, et de leur en faire connaître les causes. En cas de rupture du fil télégraphique, les employés de la compagnie auront à raccrocher provisoirement les bouts séparés, d'après les instructions qui leur seront données à cet effet.

Les agents de la télégraphie voyageant pour le service de la ligne électrique auront le droit de circuler gratuitement dans les voitures du chemin de fer.

En cas de rupture du fil télégraphique ou d'accidents graves, une locomotive sera mise immédiatement à la disposition de l'inspecteur télégraphique de la ligne, pour le transporter sur le lieu de l'accident, avec les hommes et les matériaux nécessaires à la réparation. Ce transport sera gratuit, et il devra être effectué dans des conditions telles qu'il ne puisse entraver en rien la circulation publique.

Dans le cas où des déplacements de fils, appareils ou poteaux deviendraient nécessaires par suite de travaux exécutés sur le chemin, ces déplacements auraient lieu aux frais de la compagnie, par les soins de l'administration des lignes télégraphiques.

51. A l'époque fixée pour l'expiration de la présente concession, et par le fait seul de cette expiration, le Gouvernement sera subrogé à tous les droits de la compagnie dans la propriété des terrains et des ouvrages désignés au plan cadastral mentionné dans l'article 30.

Il entrera immédiatement en jouissance du chemin de fer, de toutes ses dépendances et de tous ses produits.

La compagnie sera tenue de remettre en bon état d'entretien le chemin de fer, les ouvrages qui le composent et ses dépendances, telles que gares, lieux de chargement et de déchargement, établissements aux points de départ et d'arrivée, maisons de garde et de surveillants, bureaux de perception, machines fixes, et, en général, tous les autres objets immobiliers qui n'auront pas pour destination distincte et spéciale le service des transports.

Dans les cinq dernières années qui précéderont le terme de la concession, le Gouvernement aura le droit de mettre saisie-arrêt sur les revenus du chemin de fer, et de les employer à rétablir en bon état le chemin et toutes ses dépendances, si la compagnie ne se mettait pas en mesure de satisfaire pleinement et entièrement à cette obligation.

Quant aux objets mobiliers, tels que machines locomotives, waggons, chariots, voitures, matériaux, combustibles et approvisionnements de tous genres et objets immobiliers non compris dans l'énumération précédente, l'Etat sera tenu de les reprendre à dire d'experts, si la compagnie le requiert, et réciproquement, si l'Etat le requiert, la compagnie sera tenue de les céder, également à dire d'experts.

Toutefois, l'Etat ne sera tenu de reprendre que les approvisionnements nécessaires à l'exploitation du chemin pendant six mois.

52. Dans le cas où le Gouvernement ordonnerait ou autoriserait la construction de routes nationales, départementales ou vicinales, de canaux ou de chemins de fer qui traverseraient le chemin de fer qui fait l'objet de la présente concession, la compagnie ne pourra mettre aucun obstacle à ces traversées ; mais toutes dispositions seront prises pour qu'il n'en résulte aucun obstacle à la construction ou au service du chemin de fer, ni aucuns frais pour la compagnie.

53. Toute exécution ou toute autorisation ultérieure de route, de canal, de chemin de fer, de travaux de navigation, dans la contrée où est situé le chemin de fer concédé en vertu du présent cahier des charges, ou dans toute autre contrée voisine ou éloignée, ne pourra donner ouverture à aucune indemnité de la part de la compagnie.

54. Le Gouvernement se réserve expressément le droit d'accorder de nouvelles concessions de chemins de fer s'embranchant sur le chemin qui

fait l'objet du présent cahier des charges, ou qui seraient établis en prolongement du même chemin.

La compagnie ne pourra mettre aucun obstacle à ces embranchements, ni réclamer, à l'occasion de leur établissement, aucune indemnité quelconque, pourvu qu'il n'en résulte aucun obstacle a la circulation, ni aucuns frais particuliers pour la compagnie.

Les compagnies concessionnaires de chemins de fer d'embranchement ou de prolongement auront la faculté, moyennant les tarifs ci-dessus déterminés, et l'observation des règlements de police et de service établis ou à établir, de faire circuler leurs voitures, waggons et machines sur le chemin de fer de Bordeaux à Cette, pour lequel cette faculté sera réciproque à l'égard desdits embranchements et prolongements.

Dans le cas où les diverses compagnies ne pourraient s'entendre entre elles sur l'exercice de cette faculté, le Gouvernement statuerait sur les difficultés qui s'élèveraient entre elles à cet égard.

Dans le cas où une compagnie d'embranchement ou de prolongement joignant la ligne de Bordeaux à Cette n'userait pas de la faculté de circuler sur cette ligne, comme aussi dans celui où la compagnie concessionnaire de cette dernière ligne ne voudrait pas circuler sur les prolongements et embranchements, les compagnies seraient tenues de s'arranger entre elles, de manière que le service du transport ne soit jamais interrompu aux points extrêmes des diverses lignes.

Celle des compagnies qui sera dans le cas de se servir d'un matériel qui ne serait pas sa propriété payera une indemnité en rapport avec l'usage et la détérioration de ce matériel. Dans le cas où les compagnies ne se mettraient pas d'accord sur la quotité de l'indemnité ou sur les moyens d'assurer la continuation du service sur toute la ligne, le Gouvernement y pourvoirait d'office, et prescrirait toutes les mesures nécessaires.

La compagnie pourra être assujettie, par les lois qui seront ultérieurement rendues pour l'exploitation des chemins de fer de prolongement ou d'embranchement joignant celui qui lui est concédé, à accorder aux compagnies de ces chemins une réduction de péage ainsi calculée :

1° Si le prolongement ou l'embranchement n'a pas plus de ce kilomètres, dix pour cent (10 p. 0/0) du prix perçu par la compagnie ;

2° Si le prolongement ou l'embranchement excède cent kilomètres, quinze pour cent (15 p. 0/0) ;

3° Si le prolongement ou l'embranchement excède deux cents kilomètres, vingt pour cent (20 p. 0/0) ;

4° Si le prolongement ou l'embranchement excède trois cents kilomètres, vingt-cinq pour cent (25 p. 0/0).

55. La compagnie sera tenue, si l'administration le juge convenable, de partager l'usage des stations établies à l'origine des chemins de fer d'embranchement avec les compagnies qui deviendraient ultérieurement concessionnaires desdits chemins.

Les redevances à payer, en ce cas, ainsi que les conditions de l'usage commun, seront réglées par l'administration supérieure.

56. La compagnie se soumettra, dans l'exécution du chemin de fer, aux dispositions des circulaires de l'administration des travaux publics des 20 mars 1849, et 10 novembre 1851, portant interdiction du travail les dimanches et jours fériés.

57. Avant le décret qui ratifiera l'acte de concession, la compagnie sera tenue de déposer, à titre de cautionnement, une somme de six mil-

lions de francs (6,000,000 fr.) en numéraire ou en rentes sur l'Etat, calculées conformément à l'ordonnance du 19 juin 1825, en bons du trésor ou autres effets publics, avec transfert au profit de la caisse des dépôts et consignations de celles de ces valeurs qui seraient nominatives ou à ordre.

Cette somme sera rendue ainsi qu'il est dit à l'article 33 ci-dessus.

TITRE II.

CLAUSES RELATIVES AU CANAL LATÉRAL A LA GARONNE.

58. L'Etat livrera à la compagnie le canal latéral à la Garonne en deux parties et à deux époques distinctes : 1° dans le délai de trois mois, à dater de l'homologation des statuts de la compagnie, la partie aujourd'hui terminée entre Toulouse et la Baïse; 2° aussitôt après son achèvement, et au plus tard dans un délai de trois ans, à partir du 1er avril 1853, la partie en construction, de la Baïse à Castets.

La livraison du canal à la compagnie entraînera de plein droit réception définitive, pourvu que, les ouvrages étant achevés, le tirant d'eau normal de deux mètres de hauteur, sur les buses des écluses, ait été maintenu depuis trois mois dans tous les biefs.

Le fait de cette tenue d'eau sera constaté par un procès-verbal que les ingénieurs de l'Etat dresseront contradictoirement avec la compagnie.

A dater de cette livraison, la compagnie sera seule chargée des travaux que l'entretien et la conservation du canal pourront exiger, ainsi que des indemnités qui seraient réclamées pour filtration ou autres causes.

59. La compagnie, immédiatement après avoir reçu livraison du canal, fera dresser, à ses frais, et contradictoirement avec l'administration, un état descriptif des écluses, ponts, aqueducs, maisons et autres ouvrages qui lui auront été remis.

Elle devra, en outre, dans un délai de trois ans, à dater de la livraison, faire faire à ses frais et contradictoirement avec les riverains, un bornage complet et un plan cadastral des terrains acquis pour le canal et ses dépendances. Ce travail sera, aussitôt après son achèvement, soumis par elle à la vérification de l'administration.

Une expédition dûment certifiée des procès-verbaux du bornage, du plan cadastral et de l'état descriptif, sera délivrée par la compagnie et à ses frais, au ministère des travaux publics.

60. Le Gouvernement concède à la compagnie, sous la condition expresse qu'elle remplira exactement toutes les obligations du présent cahier des charges, la jouissance du canal latéral à la Garonne et de ses dépendances pour un laps de quatre-vingt-dix-neuf ans, à dater de l'époque fixée pour l'origine de la jouissance du chemin de fer, de telle sorte que les deux concessions expirent à la fois.

Cette jouissance se composera de la perception des droits de péage conformément au tarif ci-après déterminé, de l'exercice du droit de pêche, de la faculté de semer et de planter à son profit, mais avec l'approbation préalable de l'administration, les talus, digues, levées et francs-bords du canal et de celle de concéder des eaux moyennant redevance, pour l'établissement de moulins et usines et l'arrosement des terres.

Toute concession d'eau pour un usage quelconque devra être préalablement autorisée par un décret rendu, après que toutes les formalités voulues en matière de cours d'eau auront été remplies, et lorsqu'il aura été reconnu par l'administration qu'il n'en peut résulter aucun préjudice pour la navigation dans le canal.

Les concessions seront temporaires et réductives ou révocables sans indemnités, pour cause d'utilité publique.

Les prises d'eau s'opéreront, dans chaque cas particulier, par les moyens que l'administration déterminera. Les eaux concédées pour le service des usines ne pourront être livrées qu'en amont et près des écluses, afin qu'après avoir donné la force motrice à ces établissements, elles puissent être rendues dans le bief immédiatement inférieur.

Il est entendu que les bâtiments des usines, les magasins, hangars, etc., servant à des exploitations particulières, et assis sur des terrains non compris dans les limites du bornage et du plan cadastral du canal et de ses dépendances ne feront pas retour à l'Etat lors de l'expiration de la concession.

La perception des droits de péage aura lieu par kilomètre sans égard aux fractions de distance; ainsi un kilomètre entamé sera payé comme s'il avait été parcouru. Le poids de la tonne est de mille kilogrammes. Les fractions de poids ne seront comptées que par dixièmes de tonnes : ainsi un poids compris entre zéro et cent kilogrammes payera comme cent kilogrammes ; entre cent et deux cents kilogrammes, comme deux cents kilogrammes; entre deux cents et trois cents kilogrammes, comme trois cents kilogrammes, et ainsi de suite.

TARIF. (PAR TÊTE ET PAR KILOMÈTRE.)	PRIX DE PÉAGE.	
	Remonte.	Descente.
Voyageurs.	fr. c.	fr. c.
De 1re classe	0 03	0 03
De 2e classe	0 02	0 02
Bestiaux.		
Bœufs, vaches, taureaux, chevaux, mulets, bêtes de trait...	0 03	0 03
Veaux, porcs	0 015	0 015
Moutons, brebis, agneaux, chèvres	0 015	0 015
Marchandises, (PAR TONNE ET PAR KILOMÈTRE.)		
Première classe. — Vins, vinaigres, liqueurs, esprits, trois-six, huiles, savons, suifs, froment, farines, fécules, riz, beurre, miel, mélasse, fruits secs et confits, drogueries, épiceries, denrées coloniales, tabacs, salaisons, substances salines, bois exotiques et de teinture, indigo, garance, ivoire, nacre, écaille, corne façonnée, cotons, laines, soies, chanvres, lins, cuirs, peaux, crins ouvrés et non ouvrés, objets manufacturés, quincailleries, papeterie, glaces, cristaux, porcelaines, bois, marbres et pierres sculptées, fontes moulées, fer, plomb, cuivre et autres métaux, bière, cidre, poiré, hydromel, orge, seigle, maïs, avoine, légumes secs, menus grains et graines, soufre, potasse, soude, alun, ocre, noir animal, charbon de bois, chaux et plâtre cuit, fontes brutes, fer en barres et en feuilles, fils de fer, plomb, cuivre et autres métaux non ouvrés, bois de charpente, perches, chevrons, planches, madriers, bois en grume, légumes et fruits frais, pommes de terre, betteraves, arbres et arbustes, bouteilles, verres, verreries, faïence, poterie, terraille	0 03	0 02

TARIF.	PRIX DE PÉAGE.	
	Remonte.	Descente.
	fr. c.	fr. c.
Deuxième classe. — Foin, paille, fourrages, son, chiffons, vieux cordages, équipages de marine, marbre, granits, pierres meulières et de taille, ardoises, briques, bois à brûler, charbonnettes, souches, écorces, tan et tanin, sels, os, manganèse, ciment, bitume, goudron, blanc d'Espagne, moellons, cailloux, grès, sable, gravier, scories de métaux, ferraille, vieille fonte, pierres à chaux et à plâtre, coke, houille, mines et minerais, fumiers, engrais, cendres, fossiles.	0 02	0 01
PAR MÈTRE CUBE D'ASSEMBLAGE SANS DÉDUCTION DU VIDE.		
Trains de bois de charpente	0 02	0 01
Trains de bois à brûler	0 01	0 005
PAR MÈTRE CARRÉ DE TILLAC.		
Bascules à poissons	0 02	0 01
PAR PIÈCE.		
Poinçons vides	0 0025	0 02
Bateaux vides. Grands bateaux	0 10	0 04
Bateaux vides. Demi-bateaux	0 075	0 03
Bateaux vides. Bateaux dits *bachots*	0 050	0 025
Les marchandises chargées sur des trains ou radeaux payeront les droits d'après le tarif en sus de ceux pour les trains.		
Tout bateau portant des marchandises dont la taxe ne produirait pas le double du droit à payer pour le bateau vide sera taxé : 1° Comme bateau vide; 2° Pour la quantité de marchandises transportées.		
Le parcours de la dérivation comprise entre le barrage de Beauregard et l'écluse de descente en rivière devant Agen sera franc de péage pour les bateaux qui n'emprunteront pas l'usage du canal.		

61. Le canal et toutes ses dépendances seront constamment entretenus en bon état et de manière que la circulation soit toujours facile et sûre.

L'état dudit canal et de ses dépendances sera reconnu annuellement, et plus souvent, en cas d'urgence ou d'accidents, par un ou plusieurs commissaires que désignera l'administration.

Les frais d'entretien et ceux de réparation, soit ordinaires, soit extraordinaires, resteront entièrement à la charge de la compagnie.

Pour ce qui concerne cet entretien et ces réparations, la compagnie demeure soumise au contrôle et à la surveillance de l'administration.

Si le canal n'est pas constamment entretenu en bon état, il y sera pourvu d'office, à la diligence de l'administration et aux frais de la compagnie. Le montant des avances faites sera recouvré par des rôles que le préfet du département rendra exécutoires.

Les époques et la durée des chômages seront fixées par l'administration, sur la proposition de la compagnie.

Toutes réserves sont faites en faveur des tiers qui se prétendraient lésés par un chômage non autorisé ou prolongé au delà de l'époque fixée, sans cause de force majeure dûment reconnue par l'administration.

Les préfets des départements traversés par le canal pourront exiger, sur la proposition de l'ingénieur chargé du service du contrôle, que la compagnie congédie et remplace les éclusiers et gardiens de ponts tournants et autres agents du canal qui feraient preuve, dans leur service, de négligence, d'incapacité ou de mauvais vouloir.

Elle pourra se pourvoir contre cette réquisition, mais seulement après y avoir obtempéré devant le ministre des travaux publics, qui prononcera sans appel, après avoir pris l'avis de l'inspecteur de la division.

62. La compagnie emploiera, dans les réparations ou reconstructions des ouvrages du canal qu'elle aura lieu de faire durant sa concession, des matériaux soumis à la réception de l'administration, et qui devront être de même nature que ceux dont ces ouvrages sont formés, à moins qu'elle ne se soit fait autoriser à en substituer d'autres, reconnus de qualité égale ou supérieure.

63. A l'époque de l'expiration de la concession, l'Etat, par le fait seul de cette expiration, sera subrogé à tous les droits des concessionnaires dans la propriété des terrains indiqués au plan cadastral, mentionnée dans l'article 59 du présent cahier des charges. Le Gouvernement reprendra immédiatement la jouissance du canal, de toutes ses dépendances et de ses produits.

Les concessionnaires seront obligés de remettre en bon état d'entretien le canal, les ouvrages d'art, chemins de halage, levées, bassins, gares, perrées, plantations et autres dépendances du canal. Dans les cinq dernières années qui précéderont le terme de la concession, le Gouvernement aura le droit de mettre saisie-arrêt sur les revenus du canal, si les concessionnaires ne se mettaient pas en mesure de satisfaire pleinement et entièrement à cette obligation.

64. Les plantations seront soumises à la surveillance spéciale de l'administration, et la compagnie ne pourra, sous les peines portées au Code forestier, faire procéder à l'abatage des arbres plantés sur les francs-bords et dépendances du canal, qu'après qu'ils auront atteint leur maturité et auront été marqués en délivrance par les agents de l'administration.

La compagnie sera tenue de les faire remplacer sans délai, à moins d'autorisation contraire.

Dans tous les cas, aucun arbre ne pourra être abattu dans les dix dernières années de la concession, si ce n'est les arbres morts, lesquels seront immédiatement remplacés par la compagnie.

65. Les articles 22, 23, 24, 25, 26, 27, 28, 32, 34, 35, 36, 39 *bis*, 41, 44, 45, 50, 52, 53, contenus au titre ci-dessus, sont applicables à la concession du canal qui fait l'objet du présent titre.

TITRE III.

DISPOSITIONS GÉNÉRALES.

66. Le ministre des travaux publics s'engage à garantir, au nom de l'Etat, à la compagnie, pendant cinquante ans, l'intérêt à quatre pour cent (4 p. 0/0) et l'amortissement calculé également à quatre pour cent

(4 p. 0/0) pour la même durée, d'une somme de quarante millions (40,000,000 fr.) qu'elle est autorisée à emprunter pour l'exécution du chemin de fer de Bordeaux à Cette.

Les sommes provenant de l'émission des obligations ne pourront être appliquées aux besoins de l'entreprise qu'au fur et à mesure de l'avancement des travaux, et à la charge par la compagnie de justifier de l'emploi en achats de terrains ou en travaux et approvisionnements sur place d'une somme égale à deux fois et demie celle dont l'application aura été autorisée.

La compagnie pourra émettre tout ou partie de ses obligations aux époques et moyennant les conditions qui seront réglées d'un commun accord entre elle et le ministre des finances, à la charge de déposer au trésor le montant des obligations émises.

Un règlement d'administration publique déterminera les formes suivant lesquelles la compagnie sera tenue de justifier vis-à-vis de l'Etat, 1° de l'exécution des conditions approuvées par le Gouvernement, pour la réalisation de son emprunt et pour l'emploi des fonds qui en proviendront; 2° de ses frais annuels d'entretien et d'exploitation et de ses recettes.

Ne seront pas comptés, dans les frais annuels, les intérêts et l'amortissement des autres emprunts que la compagnie pourrait être dans le cas de contracter pour l'achèvement des travaux.

Lorsque l'Etat aura, à titre de garant, payé tout ou partie d'une annuité d'intérêt et d'amortissement, il sera remboursé de ses avances, avec intérêt à quatre pour cent par an, sur les bénéfices nets de l'entreprise excédant les quatre pour cent, dans quelque année qu'ils se produisent, et avant tout prélèvement d'intérêt ou de dividende quelconque au profit de la compagnie.

Si, à l'expiration de la concession, l'Etat est créancier de la compagnie, le montant de sa créance sera compensé jusqu'à due concurrence, avec la somme due à la compagnie pour la reprise du matériel, s'il y a lieu, aux termes de l'article 51.

67. Le ministre des travaux publics s'engage, en outre, à garantir, au nom de l'Etat, à la compagnie, pendant les cinquante premières années de la concession, de la manière qu'il jugera la plus propre à concilier les intérêts de l'Etat et ceux de la compagnie, un intérêt de quatre pour cent (4 p. 0/0), sur le capital employé par elle à l'exécution des travaux, en sus de la subvention et de l'emprunt garanti mentionnés aux articles 4 et 66 ci-dessus, sans toutefois que ce capital puisse, en aucun cas, excéder la somme de soixante millions de francs (60,000,000 fr.).

En conséquence, l'intérêt garanti annuellement par l'Etat ne pourra excéder deux millions quatre cent mille francs (2,400,000 fr.).

Pour l'exécution de la clause de garantie qui précède, le compte du capital de premier établissement à la charge de la compagnie sera arrêté et définitivement clos dix ans après le décret de concession.

Avant l'achèvement complet des travaux, la garantie de quatre pour cent ne sera due que pour les sommes dépensées à l'exécution des sections définitivement livrées à l'exploitation, et dont l'emploi aura été dûment justifié.

Un règlement d'administration publique déterminera les formes suivant lesquelles la compagnie sera tenue de justifier vis-à-vis de l'Etat, et sous le contrôle de l'administration supérieure, 1° des frais de construction du chemin de fer ; 2° de ses frais annuels d'entretien et d'exploitation ; 3° de ses recettes.

Ne seront pas comptés dans les frais annuels les intérêts et l'amortissement des emprunts que la compagnie pourrait être dans le cas de contracter pour l'achèvement des travaux, en cas d'insuffisance du capital déterminé par l'administration.

Lorsque l'Etat aura, à titre de garant, payé tout ou partie d'une annuité d'intérêts, il sera remboursé de ses avances, avec intérêt à quatre pour cent par an, sur les bénéfices nets de l'entreprise excédant les quatre pour cent garantis, dans quelque année qu'ils se produisent, et avant tout prélèvement de dividende au profit de la compagnie.

Si, à l'expiration de la concession, l'Etat est créancier de la compagnie, le montant de sa créance sera compensé, jusqu'à due concurrence, avec la somme due à la compagnie pour la reprise du matériel, s'il y a lieu, aux termes de l'article 51.

68. A toute époque après l'expiration des deux premières années, à dater du délai fixé pour l'achèvement des travaux, si, pendant cinq années consécutives, l'Etat était forcé de faire un complément pour payer les intérêts qu'il a garantis, le ministre aura le droit de prendre en main l'administration et la direction de l'entreprise pour le compte de la compagnie.

Dès que l'entreprise, dirigée par l'Etat, arrivera à donner plus de quatre pour cent, pendant trois années consécutives, la compagnie rentrera en possession de ses droits.

69. Après le délai fixé pour l'achèvement des travaux du chemin de fer, si le produit net de l'entreprise excède huit pour cent du capital dépensé par la compagnie, la moitié de l'excédant sera attribuée à l'Etat. Les sommes empruntées par la compagnie en vertu des dispositions de l'article 66 et dont l'amortissement et les intérêts sont garantis par l'Etat ne figureront dans le capital dépensé par la compagnie que jusqu'après l'amortissement.

70. A toute époque après l'expiration des quinze premières années, à dater du délai fixé par l'article 2 pour l'achèvement des travaux du chemin de fer, le Gouvernement aura la faculté de racheter la concession entière du chemin de fer et du canal, sans qu'il soit possible de racheter l'un sans l'autre. Pour régler le prix du rachat, on relèvera les produits nets annuels obtenus par la compagnie pendant les sept années qui auront précédé celle où le rachat sera effectué ; on en déduira les produits nets des deux plus faibles années, et l'on établira le produit net au moyen de cinq autres années.

Ce produit net moyen formera le montant d'une annuité qui sera due et payée à la compagnie pendant chacune des années restant à courir sur la durée de la concession.

Dans aucun cas, le montant de l'annuité ne sera inférieur au produit net de la dernière des sept années prises pour terme de comparaison.

La compagnie recevra, en outre, dans les trois mois qui suivront le rachat, les remboursements auxquels elle aurait droit à l'expiration de la concession, selon l'article 51 ci-dessus.

71. Les agents et gardes que la compagnie établira, soit pour opérer la perception des droits, soit pour la surveillance et la police du chemin de fer et du canal, et des ouvrages qui en dépendent, pourront être assermentés, et seront, dans ce cas, assimilés aux gardes champêtres.

72. Un règlement d'administration publique désignera, la compagnie

entendue, les emplois dont la moitié devra être réservée aux anciens militaires de l'armée de terre et de mer libérés du service.

73. Il sera institué près de la compagnie un ou plusieurs inspecteurs commissaires, spécialement chargés de surveiller les opérations de ladite compagnie, pour tout ce qui ne rentre pas dans les attributions des ingénieurs de l'Etat.

Le traitement de ces commissaires restera à la charge de la compagnie. Pour y pourvoir et acquitter en même temps les frais mis à sa charge par l'article 32 ci-dessus, la compagnie sera tenue de verser, chaque année, à la caisse centrale du trésor, une somme qui ne pourra excéder quarante mille francs.

Dans le cas où la compagnie ne verserait pas ladite somme aux époques qui seront fixées, le préfet rendra un rôle exécutoire, et le montant en sera recouvré comme en matière de contributions publiques.

74. La compagnie devra faire élection de domicile à Paris.

Dans le cas de non-élection de domicile, toute notification ou signification à elle adressée sera valable, lorsqu'elle sera faite au secrétariat général de la préfecture du département de la Seine.

75. Les contestations qui s'élèveraient entre la compagnie et l'administration, au sujet de l'exécution ou de l'interprétation des clauses du présent cahier des charges, seront jugées administrativement par le conseil de préfecture du département de la Seine, sauf recours au conseil d'Etat.

76. Les conventions à passer par le ministre des travaux publics, en exécution du présent acte, devront être réglées par des décrets du président de la République.

77. Lesdites conventions ne seront passibles que du droit fixe d'un franc.

Arrêté à Paris, le 16 juin 1852.

Le Ministre des travaux publics,
Signé N. LEFEBVRE-DURUFLÉ.

Vu pour être annexé au projet de loi relatif au chemin de fer de Bordeaux à Cette.

Le Président du Corps législatif,
Signé BILLAULT.
Les Secrétaires,

Signé ED. DALLOZ, HENRY DUGAS, baron ESCHASSÉRIAUX, MACDONALD duc DE TARENTE.

Vu pour être annexé à la loi.

Le sénateur secrétaire du Sénat,
Signé baron T. DE LACROSSE.

BULLETIN DES LOIS

DE LA RÉPUBLIQUE FRANÇAISE.

N° 573.

N° 4401. — Décret *qui approuve la Convention passée, le 24 août 1852, pour la concession du Chemin de fer de Bordeaux à Cette, et du Canal latéral à la Garonne, ainsi que des Chemins de fer de Bordeaux à Bayonne et de Narbonne à Perpignan.*

Du 24 Août 1852.

LOUIS-NAPOLÉON, Président de la République française,

Sur le rapport du ministre des travaux publics ;

Vu la loi du 8 juillet 1852, ainsi conçue :

« Le ministre des travaux publics est autorisé à concéder directe-
« ment le chemin de fer de Bordeaux à Cette et le canal latéral à
« la Garonne, aux clauses et conditions du cahier des charges ci-
« annexé ; »

Vu l'article 77 du cahier des charges, ainsi conçu :

« Les conventions à passer par le ministre des travaux publics,
« en exécution du présent acte, devront être réglées par des décrets
« du Président de la République ; »

Vu les conventions passées, le 24 août 1852, entre le ministre des travaux publics, agissant au nom de l'Etat, et les personnes ci-après dénommées :

Vu le certificat délivré par le directeur général de la caisse des dépôts et consignations, constatant le dépôt, à titre de cautionnement, d'une somme de six millions de francs, en conformité de l'article 57 du cahier des charges,

Décrète :

Art. Ier. La convention passée, le 24 août 1852, entre le ministre des travaux publics, agissant au nom de l'Etat,

Et MM.

Ernest André, de Paris ;

Ardoin et compagnie, de Paris ;
Bischoffsheim et compagnie, de Paris ;
Baduel (Hippolyte), de Toulouse ;
Cibiel (Vincent), de Paris ;
Jean Damas junior, de Bordeaux ;
Dotezac (Edouard), de Bordeaux ;
D'Eichthal, de Paris ;
F.-C. de Ezpeleta, de Bordeaux ;
F.-X. de Ezpeleta, de Bordeaux ;
F.-Léon-Léonard-Joseph Faucher, de Paris ;
Duc *de Galliera*, de Paris ;
J.-M. de Grimaldi, de Paris ;
P. Gil et compagnie, de Paris ;
Louis Lebeuf, de Paris ;
E. Le Comte, de Paris ;
John Masterman, de Londres ;
Emile Pereire, de Paris ;
Isaac Pereire, de Paris ;
J.-L. Ricardo, de Londres ;
Baron *Renouard de Bussière*, de Paris ;
Bertin, de Bordeaux ;
M. Viguerie, de Toulouse ;
De Rothschild frères, de Paris ;
David Salomons, de Londres ;
Fr. Samazeuilh, de Bordeaux ;
Charles Séguin, de Paris ;
Paul Séguin, de Paris ;
John Sadler, de Londres,

Est approuvée.

2. La convention ci-dessus mentionnée et le cahier des charges qui y est joint seront annexés au présent décret.

3. Le ministre des travaux publics est chargé de l'exécution du présent décret, lequel sera inséré au *Bulletin des lois*.

Fait au palais de Saint-Cloud, le 24 août 1852.

Signé LOUIS-NAPOLÉON.

Par le Président de la République,

Le Ministre des travaux publics.

Signé P. MAGNE.

Convention entre le Ministre des travaux publics et les personnes ci-dessous dénommées, pour la concession du chemin de fer de Bordeaux à Cette, et du Canal latéral à la Garonne, ainsi que des Chemins de fer de Bordeaux à Bayonne et de Narbonne à Perpignan.

L'an 1852 et le 24 août,

Entre le ministre des travaux publics, agissant au nom de l'Etat en vertu des pouvoirs qui lui ont été conférés par la loi du 8 juillet 1852,

D'une part;

Et Messieurs

Ernest André, banquier à Paris;

Ardoin et compagnie, banquiers à Paris, agissant tant en leur nom personnel que comme se portant fort pour M. *John Lewis Ricardo*, membre du parlement, à Londres;

Baduel (*Hippolyte*), administrateur des messageries du Midi à Toulouse;

Bischoffsheim et compagnie, banquiers à Paris;

Bertin (*Stéphan*), négociant à Bordeaux;

Cibiel (*Vincent*), propriétaire à Paris;

Dotezac (*Edouard*), propriétaire à Bordeaux;

D'Eichthal, président du conseil d'administration du chemin de fer de Paris à Saint-Germain;

François-Casimir Ezpeleta, banquier à Bordeaux;

François-Xavier Ezpeleta, banquier à Bordeaux, agissant tant en son nom personnel qu'au nom de MM. *François Samazeuilh*, banquier à Bordeaux, et *Jean-Baptiste Damas junior*, négociant à Bordeaux, en vertu des pouvoirs qui lui ont été donnés le 16 juillet 1852;

Jean-Marie de Grimaldi, président du conseil d'administration du chemin de fer de Saint-Dizier à Gray, agissant tant en son nom personnel qu'au nom de M. *John Sadler*, membre du parlement à Londres, en vertu des pouvoirs qui lui ont été donnés le 17 août dernier, et, en outre, au nom de M. le baron *Renouard de Bussière*, membre du Corps législatif, en vertu des pouvoirs qui lui ont été donnés le 24 juin dernier, et pour M. *John Masterman*, banquier à Londres, en vertu des pouvoirs qui lui ont été donnés le 17 août courant;

P. Gil et compagnie, banquiers à Paris;

Louis Lebeuf, sénateur, régent de la banque de France;

Eugène Le Comte, député au Corps législatif, agissant tant en son nom personnel qu'au nom de MM. *J.* et *P. Viguerie*, banquiers à Toulouse, en vertu des pouvoirs qui lui ont été donnés le 25 juillet dernier;

Emile Pereire, administrateur du chemin de fer du Nord, à Paris, tant en son nom que comme se portant fort pour M. le duc *de Galliera*, et, en outre, comme mandataire de la compagnie du chemin de fer de Bordeaux à la Teste, aux fins des stipulations contenues, en ce qui concerne ce chemin, dans le cahier des charges ci-annexé;

Isaac Pereire, administrateur du chemin de fer de Paris à Lyon, à Paris, agissant tant en son nom que comme se portant fort de M. *Léon-Léonard-Joseph Faucher*, membre de l'Institut;

De Rothschild frères, banquiers à Paris;

Charles Séguin, administrateur du chemin de fer de Saint-Etienne à Lyon, de Paris, agissant tant en son nom personnel que comme se portant fort pour M. *Paul Séguin*, son frère, de Paris;

MM. *de Rothschild* frères, susnommés, agissant dans la présente convention tant en leur nom personnel que comme se portant fort pour M. *David Salomons*, alderman de Londres,

A été convenu ce qui suit :

ART. 1er. Le ministre des travaux publics concède, au nom de l'Etat, à MM. *Ernest André*, *Ardoin* et compagnie, *Bischoffsheim* et compagnie, *Baduel*, *Cibiel*, *Damas*, *Dotezac*, *d'Eichthal*, *de Ezpeleta* (*F.-C.*), *de Ezpeleta* (*F.-X.*), *Faucher*, duc *de Galiera*, *de Grimaldi*, *Gil* et compagnie, *Lebeuf* (*Louis*), *Le Comte*, *Masterman*, *Emile Pereire*, *Isaac Pereire*, *Ricardo*, baron *Renouard de Bussière*, *Bertin*, *Viguerie* frères, *de Rothschild* frères, *de Samazeuilh*, *Charles Séguin*, *Paul Séguin*, *John Sadler*, *David Salomons*,

Le chemin de fer de Bordeaux à Cette et le canal latéral à la Garonne, aux clauses et conditions du cahier des charges annexé à la loi du 8 juillet 1852.

2. De leur côté, les susnommés s'engagent à se soumettre aux clauses et conditions dudit cahier des charges. La subvention mise à la charge de l'Etat par l'article 4 est fixée à trente-cinq millions (35,000,000 fr.).

3. La garantie d'intérêt stipulée par l'article 67 du cahier des charges annexé à la loi du 8 juillet 1852 demeurera tout entière attachée aux actions, et ne pourra, dans aucun cas, être employée à assurer un supplément d'intérêt aux obligations.

4. Le ministre des travaux publics concède en outre, au nom de l'Etat, aux susnommés, qui l'acceptent, les chemins de fer de Bordeaux à Bayonne, et de Narbonne à Perpignan, aux clauses et conditions du cahier des charges ci-annexé.

5. La garantie d'intérêt et d'amortissement stipulée à l'article 7 dudit cahier des charges ne sera exercée que dans le cas où les produits nets de toutes les entreprises concédées, savoir :

1° Chemin de fer de Bordeaux à Cette ;
2° Canal latéral à la Garonne ;
3° Chemin de fer de Lamothe à Bayonne ;
4° Embranchements de Mont-de-Marsan et de Dax ;
5° Chemin de fer de Narbonne à Perpignan ;

ne s'élèveraient pas à une somme suffisante pour faire face auxdits intérêts et amortissements garantis.

6. La concession dont il s'agit dans les deux articles précédents est dès à présent obligatoire pour les susnommés; mais, en ce qui concerne l'Etat, elle est soumise à la ratification du pouvoir législatif.

Dans le cas où, dans la prochaine session du Corps législatif, une loi ne la confirmerait pas, les articles 4, 5 et 6 ci-dessus seraient considérés comme non avenus, et la concession du chemin de Bordeaux à Cette, formulée dans les articles 1, 2 et 3, resterait pure et simple.

7. La présente convention ne sera valable qu'après avoir été approuvée par décret du Président de la République.

Fait à Paris, les jours, mois et an que dessus.

Le Ministre des travaux publics,

Signé P. MAGNE.

Signé *Emile Pereire*; *J. Pereire*; *Eugène Le Comte*; *H. Baduel*; *Ch. Séguin*; *Ardoin* et compagnie, par procuration, *Jules Ardoin*; *P. Gil* et compagnie; *Ad. d'Eichthal*; *Louis Lebeuf*; *F.-X. de Ezpeleta*; *J de Grimaldi*; *F.-C. de Ezpeleta*; *Bertin*; *E. Dotezac*; *V. Cibiel*; *Ernest André*; *de Rothschild*, par procuration, *L. R. Bischoffsheim*; *Bischoffsheim-Goldschmidt*.

Cahier des charges de la concession du Chemin de fer de Bordeaux à Bayonne et de l'embranchement de Narbonne à Perpignan.

ART. 1er. La compagnie s'engage à exécuter, à ses frais, risques et périls, tous les travaux des chemins de fer ci-après définis, savoir :

1° Le chemin de fer de Bordeaux à Bayonne et ses embranchements sur Mont-de-Marsan et Dax;

2° Le chemin de fer de Narbonne à Perpignan.

2. Le chemin de fer de Bordeaux à Bayonne empruntera, entre Bordeaux et Lamothe, le chemin de fer de Bordeaux à la Teste; de Lamothe il se dirigera sur Bayonne par la Bouheyre, traversera le petit Boucaut et aboutira sur la rive droite de l'Adour, au point qui sera déterminé par l'administration.

Il sera établi un chemin de fer de jonction entre la gare du chemin de Bordeaux à Cette et le chemin de Bordeaux à Bayonne.

Les villes de Mont-de-Marsan et de Dax seront desservies par deux embranchements, qui se détacheront de la ligne principale en des points qui seront déterminés par l'administration.

Le chemin de Narbonne à Perpignan s'embranchera à Narbonne sur le chemin de fer de Bordeaux à Cette, et se dirigera par Salces, Rivesaltes et le Vernet sur Perpignan, où il aboutira sur la rive gauche de la Tet, au point qui sera déterminé par l'administration.

3. La compagnie s'engage à terminer ces chemins et à les rendre praticables et exploités dans toutes leurs parties dans les délais suivants, savoir :

Pour le chemin de fer de Bordeaux à Bayonne, deux ans;

Pour les embranchements sur Mont-de-Marsan et sur Dax, trois ans;

Pour le chemin de fer de Narbonne à Perpignan, quatre ans.

Ces délais courront à dater du jour où la concession sera devenue définitive.

4. Le ministre des travaux publics, au nom de l'Etat, s'engage à payer à la compagnie, à titre de subvention, une somme de seize millions cinq cent mille francs (16,500,000 fr.), qui sera versée en dix payements égaux, à la charge par la compagnie de justifier, avant chaque payement, d'une dépense en achat de terrains ou approvisionnement sur place, d'une somme excédant de cinquante pour cent (50 p. 0/0) le montant des versements déjà effectués.

Le dernier payement ne sera fait qu'au moment de l'ouverture des deux lignes et de leurs embranchements.

5. Sont applicables aux chemins de fer ci-dessus définis, les articles 5, 6, 7, 8, etc. jusqu'à 56 inclusivement, du cahier des charges de la concession du chemin de fer de Bordeaux à Cette. Toutefois, le poids des rails pourra être réduit à vingt-sept kilogrammes sur traverses et à vingt kilogrammes sur longrines.

6. Pour garantie de l'exécution des engagements de la compagnie, une somme de un million de francs (1,000,000 fr) sera retenue sur le montant du cautionnement de six millions stipulé par l'article 57 du cahier des charges du chemin de fer de Bordeaux à Cette.

Cette somme sera rendue ainsi qu'il est dit à l'article 33 ci dessus visé.

7. L'emprunt de quarante millions de francs autorisé par l'article 66 du cahier des charges du chemin de fer de Bordeaux à Cette pourra être porté, par la compagnie, avec la même garantie d'intérêt et d'amortissement, à cinquante et un millions de francs (51,000,000 fr.)

La garantie de quatre pour cent (4 p. 0/0) d'intérêt autorisée par l'article 67 du cahier des charges précité, pour le capital employé à l'exécution des travaux, en sus des subventions et de l'emprunt garanti, pourra être portée de soixante à soixante-sept millions (67,000,000 fr.). Le tout, dans les conditions stipulées aux articles ci-dessus visés.

Pour calculer le produit net du chemin de fer entre Lamothe et Bayonne, le péage pour la circulation des trains de la ligne de Bordeaux à Bayonne, entre Bordeaux et Lamothe, sera calculé par kilomètre, à raison de moitié des taxes réellement perçues sur les voyageurs et marchandises de toute nature par la compagnie de Bayonne.

8. Sont également applicables à la présente concession, les articles 68 et suivants, jusqu'à l'article 77 et dernier du même cahier des charges. Toutefois, la somme à verser à la compagnie, en exécution de l'article 73, sera augmentée de quinze mille francs pour les deux chemins de fer de Bordeaux à Bayonne et de Narbonne à Perpignan.

9. La concession du chemin de fer de Bordeaux à la Teste est prorogée jusqu'à l'expiration de la concession du chemin de fer de Bordeaux à Bayonne, à la charge du remplacement du matériel roulant, dans les conditions prescrites pour le chemin de fer de Bordeaux à Bayonne. Cette obligation s'étendra aux rails et autres éléments constitutifs de la voie, sur toute la partie commune aux deux chemins.

10. Les actes à intervenir en raison du présent cahier des charges ne seront passibles que du droit fixe de un franc.

Arrêté à Paris, le 24 août 1852.

Le Ministre des travaux publics,

Signé P. Magne.

BULLETIN DES LOIS

DE LA RÉPUBLIQUE FRANÇAISE.

N° 281.

N° 7377. — Décret *portant autorisation de la Société anonyme formée à Paris sous la dénomination* de Compagnie des Chemins de fer du Midi et du Canal latéral à la Garonne.

Du 6 Novembre 1852.

LOUIS-NAPOLÉON, Président de la République française,

Sur le rapport du ministre de l'intérieur, de l'agriculture et du commerce ;

Vu la loi du 8 juillet 1852 relative à la concession du chemin de fer de Bordeaux à Cette, et du canal latéral à la Garonne, ainsi que le cahier des charges qui y est annexé ;

Vu le décret du 24 août suivant, qui approuve la convention passée le même jour entre le ministre des travaux publics et MM. *Ernest André*, *Ardoin* et compagnie, *Bischoffsheim*, *Baduel*, *Cibiel*, *J. Damas junior*, *Dotezac*, *d'Eichthal*, *F. C.* et *F.-Y. Ezpeleta*, *L.-Faucher*, duc *de Galliera*, *de Grimaldi*, *F. Gil* et compagnie, *L. Lebœuf*, *E. Le Comte*, *J. Masterman*, *Émile* et *Isaac Pereire*, *Ricardo*, baron *Renouard de Bussières*, *Bertin*, *Viguerie*, *de Rothschild* frères, *David Salomons*, *Fr. Samazeuilh*, *Charles* et *Paul Séguin* et *John Sadler*, pour la concession des entreprises ci-dessus désignées et des autres chemins de fer qui y sont énumérés ;

Vu les articles 29 à 37, 40 et 45 du Code de commerce ;

Le conseil d'État entendu,

Décrète :

Art. 1er. La société anonyme formée à Paris sous la dénomination de *Compagnie des chemins de fer du Midi et du canal latéral à la Garonne* est autorisée.

Sont approuvés les statuts de ladite société, tels qu'ils sont contenus dans l'acte passé, le 5 novembre courant, devant Me *Fould* et son collègue, notaires à Paris, lequel acte restera annexé au présent décret.

2. Le choix du directeur et des membres des comités de direction auxquels le conseil d'administration peut déléguer ses pouvoirs, aux termes de l'article 27 des statuts, sera soumis à l'approbation du ministre de l'intérieur, de l'agriculture et du commerce.

3. La présente autorisation pourra être révoquée, en cas de violation ou de non-exécution des statuts approuvés, sans préjudice des droits des tiers.

4. La société sera tenue de remettre, tous les six mois, un extrait de son état de situation au ministère de l'intérieur, de l'agriculture et du commerce, aux préfets des départements de la Haute-Garonne, de Lot-et-Garonne, de Tarn-et-Garonne, de l'Aude, de l'Hérault, des Pyrénées-Orientales, des Landes et des Hautes-Pyrénées; au préfet de police, aux chambres de commerce et au greffe des tribunaux de commerce des villes traversées par les lignes des chemins de fer concédés.

5. Le ministre de l'intérieur, de l'agriculture et du commerce est chargé de l'exécution du présent décret, qui sera publié au *Bulletin des lois*, inséré au *Moniteur* et dans un journal d'annonces judiciaires de chacun des départements énumérés ci-dessus.

Fait au palais de Saint-Cloud, le 6 Novembre 1852.

Signé LOUIS-NAPOLÉON.

Par le Prince-Président :

Le Ministre de l'intérieur, de l'agriculture et du commerce,

Signé F. DE PERSIGNY.

Statuts de la société des chemins de fer du Midi et du canal latéral à la Garonne.

Par-devant Me *Emile Fould* et Me *Valentin Fremyn*, notaires à Paris, soussignés,

Ont comparu :

M. *Adolphe d'Eichthal*, président du conseil d'administration du chemin de fer de Paris à Saint-Germain, demeurant à Paris, rue Basse-du-Rempart, n° 30;

M. *Emile Pereire*, administrateur du chemin de fer du Nord, demeurant à Paris, rue d'Amsterdam, n° 5;

M. *Isaac Pereire*, administrateur du chemin de fer de Paris à Lyon, demeurant à Paris, susdite rue d'Amsterdam, n° 5;

Et M. *Edouard Dotezac*, propriétaire demeurant à Bordeaux, de présent à Paris, place de la Bourse, n° 31,

Agissant tous quatre en vertu des autorisations qui leur ont été conférées conjointement avec MM. *F. X. de Ezpeleta*, *de Grimaldi* et *Gil*, par tous les concessionnaires ci-après nommés du chemin de fer de Bordeaux

à Cette, de Bordeaux à Perpignan et de Narbonne à Perpignan, et du canal latéral à la Garonne, suivant la délibération par eux prise dans leur réunion du 11 septembre dernier, aux termes de laquelle lesdits concessionnaires ont nommé un comité composé de sept membres ci-dessus désignés, auxquels ils ont conféré la mission d'examiner, discuter et faire homologuer les statuts de la société dont il va être question ; de consentir toutes modifications à ce sujet, et de conférer à l'effet de les accepter tous pouvoirs à trois d'entre eux ;

Extrait de laquelle délibération enregistré est demeuré annexé à la minute d'un acte reçu par Me *Galin*, substituant Me *Fould*, l'un des notaires soussignés et son collègue, les 18 et 20 septembre dernier, enregistré ;

Lesquels ont dit que, par une loi en date du 8 juillet 1852, le ministre des travaux publics a été autorisé à concéder directement le chemin de fer de Bordeaux à Cette et le canal latéral à la Garonne, et ce aux clauses et conditions du cahier des charges annexé à ladite loi ;

Qu'en vertu de cette autorisation et suivant convention du 24 août 1852, approuvée par décret du Président de la République, le ministre des travaux publics, agissant au nom de l'Etat, a concédé à MM. *Ernest André*, *Ardoin* et compagnie, *Bischoffsheim* et compagnie, *Baduel*, *Cibiel*, *Damas*, *Dotezac*, *d'Eichthal*, *de Ezpeleta* (*F.-C.*), *de Ezpeleta* (*F.-X.*), *Faucher*, duc *de Galliera*, *de Grimaldi*, *Gil* et compagnie, *Lebœuf* (*Louis*), *Le Comte*, *Masterman*, *Emile Pereire*, *Isaac Pereire*, *Ricardo*, baron *Renouard de Bussières*, *Bertin*, *Viguerie* frères, *de Rothschild* frères, *Samazeuilh*, *Charles Séguin*, *Paul Séguin*, *John Sadler*, *David Salomons*, le chemin de fer de Bordeaux à Cette et le canal latéral à la Garonne, aux clauses et conditions du cahier des charges annexé à ladite loi du 8 juillet 1852 ;

Que, par la même convention, mais sous la réserve de la ratification du pouvoir législatif dans sa prochaine session, le ministre des travaux publics, agissant au nom de l'Etat, a également concédé aux personnes ci-dessus dénommées les chemins de fer de Bordeaux à Bayonne avec embranchements sur Mont-de-Marsan et Dax, et de Narbonne à Perpignan, aux clauses et conditions du cahier des charges annexé à ladite convention, et inséré au Moniteur du 25 août 1852 ;

Qu'enfin, et par convention passée le 27 septembre 1852 avec MM. *Emile Pereire* et *Isaac Pereire*, les comparants se sont assurés, sous la réserve qui sera ci-après exprimée en l'article 4, l'usage et la jouissance par bail du chemin de fer de Bordeaux à la Teste.

Dans cette position, les comparants voulant former, pour l'exécution et l'exploitation de ces chemins de fer et du canal latéral à la Garonne, une société anonyme, ont, d'un commun accord avec les capitalistes qu'ils ont intéressés à leur entreprise, et sauf l'approbation du Gouvernement, arrêté, ainsi qu'il suit, la rédaction des statuts de ladite société :

TITRE Ier.

OBJET ET DÉNOMINATION DE LA SOCIÉTÉ. — DOMICILE. — DURÉE.

Art. 1er. Il est formé, entre les souscripteurs propriétaires de toutes les actions créées ci-après, une société anonyme ayant pour objet, 1° l'exécution et l'exploitation du chemin de fer de Bordeaux à Cette, et l'exploitation du canal latéral à la Garonne, conformément aux dispositions du cahier des charges annexé à la loi du 8 juillet 1852 et du décret approbatif de la concession, en date du 24 août 1852 ; 2° l'exécution et l'exploitation des chemins de fer de Bordeaux à Bayonne avec embranchements sur Mont-de Marsan et Dax, et de Narbonne à Perpignan, conformément à la convention du 24 août 1852 et au cahier des charges y annexé, approuvés par décret du Président de la République; 3° et l'exploitation du chemin de fer de Bordeaux à la Teste aux conditions stipulées dans la convention du 27 septembre 1852.

Cette société prend la dénomination de *Compagnie des chemins de fer du Midi et du canal latéral à la Garonne.*

2. Le siége de la société et son domicile sont établis à Paris.

3. La société commencera à partir de la date du décret qui l'aura autorisée, et finira avec la concession, c'est-à-dire le 24 août 1957.

TITRE II.

DE LA CONCESSION.

4. Les comparants, tant en leurs noms qu'au nom de leurs mandants, et en leur qualité de concessionnaires, font apport, sans aucune restriction ni réserve, à la société de tous les droits que leur confèrent la loi, convention, décret et cahier des charges précités, ainsi que la convention dudit jour 27 septembre 1852, relative à l'exploitation par bail du chemin de fer de Bordeaux à la Teste, mettant ladite société entièrement en leur lieu et place, à la charge par elle de satisfaire à toutes les clauses, conditions et obligations qui en résultent, sous réserve, toutefois, quant au bail précité, de la ratification législative nécessaire à la concession définitive du chemin de fer de Bordeaux à Bayonne.

Le compte des frais relatifs à l'entreprise jusqu'à la promulgation du décret approbatif des présents statuts, sera réglé par l'assemblée générale, qui en autorisera le remboursement à qui de droit.

TITRE III.

FONDS SOCIAL. — ACTIONS. — VERSEMENTS.

5. Le fonds social est fixé à soixante-sept millions de francs.

Il est divisé en cent trente-quatre mille actions de cinq cents francs chacune.

Les quatorze mille actions non souscrites seront, dans le délai de la quinzaine qui suivra l'homologation des présents statuts, mises à la disposition de tous les actionnaires dans la proportion du nombre d'actions déjà possédées par eux.

Le conseil d'administration garantit les souscriptions et restera lui-même souscripteur de celles qui, dans le délai ci-dessus, ne seront pas souscrites par les possesseurs des cent vingt mille actions déjà émises.

Dans le cas où la concession du chemin de fer de Lamotte à Bayonne et de Narbonne à Perpignan ne serait pas ratifiée par le Corps législatif, le capital social serait réduit à soixante millions, le nombre des actions resterait à cent trente-quatre mille, mais le montant de chaque action serait réduit dans la proportion des quatorze cent trente-quatrièmes.

6. Chaque action donne droit à une part proportionnelle dans la propriété de l'actif social et dans les bénéfices de l'entreprise.

7. Après l'approbation des présents statuts et le versement de cent francs par action, il sera remis aux ayants droit des titres provisoires nominatifs.

8. Les souscripteurs originaires et les cessionnaires successifs sont solidairement garants, jusqu'à concurrence du versement des cinq premiers dixièmes, du montant de chaque action.

Après le versement des cinq premiers dixièmes, les titres provisoires seront échangés contre des titres définitifs au porteur.

9. Les titres provisoires et les titres définitifs sont extraits d'un registre à souche, frappés du timbre sec de la compagnie et revêtus de la signature de deux administrateurs, ou d'un administrateur et d'un employé de la compagnie délégué à cet effet par le conseil d'administration.

Chaque payement fait sur le montant de l'action sera constaté sur les titres.

10. Les titres provisoires seront nominatifs; leur cession s'opère par un transfert fait au siége de la société, signé par le cédant, le cessionnaire et l'un des administrateurs, ou un employé délégué à cet effet; mention de ce transfert est faite sur le titre provisoire.

Les actions définitives seront au porteur, leur cession s'opère par la simple tradition du titre.

11. Le conseil d'administration pourra autoriser le dépôt et la conservation des titres dans la caisse sociale. Il déterminera la forme des certificats de dépôt, les frais auxquels ce dépôt pourra être assujetti, le mode de délivrance et les garanties dont l'execution de cette mesure doit être entourée dans l'intérêt de la société et des actionnaires.

12. Les actions sont indivisibles, et la société ne reconnaît qu'un seul propriétaire pour chaque action.

13. Les droits et obligations attachés à l'action suivent le titre, dans quelques mains qu'il passe; la possession d'une action emporte adhésion aux statuts de la société.

Les héritiers ou créanciers de l'actionnaire ne peuvent, sous quelque prétexte que ce soit, provoquer l'apposition des scellés sur les biens et valeurs de la société, ni s'immiscer, en aucune manière, dans son administration; ils doivent, pour l'exercice de leurs droits, s'en rapporter aux inventaires sociaux et aux délibérations de l'assemblée générale.

14. Le montant de chaque action est payable à la caisse sociale, à Paris, aux époques et dans les proportions déterminées par le conseil d'administration.

Le premier versement est fixé à cent francs par action; tout appel ultérieur de fonds devra être annoncé un mois au moins avant l'époque fixée pour le versement, tant à Paris qu'à Bordeaux, dans deux des journaux d'annonces légales de ces deux villes désignés conformément à la loi.

Le conseil d'administration pourra autoriser la libération anticipée des actions, mais seulement par voie de mesure générale applicable à toutes les actions.

15. A défaut de versement aux époques déterminées, l'intérêt sera dû, par chaque jour de retard, à raison de cinq pour cent par an.

La société pourra exercer l'action personnelle contre les retardataires et leurs garants; elle pourra aussi, soit distinctement de la poursuite personnelle, soit concurremment avec elle, faire vendre les actions en retard.

A cet effet, les numéros de ces actions seront publiés dans les journaux ndiqués à l'article 14; à partir du quinzième jour après cette publication, la société, sans mise en demeure et sans autre formalité ultérieure, aura le droit de faire procéder à la vente des actions, même successivement, sur duplicata à la bourse de Paris, par le ministère d'un agent de change, pour le compte et aux risques et périls des retardataires.

Les titres des actions ainsi vendues seront nuls de plein droit, et il en sera délivré aux acquéreurs de nouveaux ayant le même numéro que les titres annulés; en conséquence toute action qui ne portera pas la mention régulière des versements qui auraient dû être opérés cessera d'être admise à la négociation et au transfert.

L'imputation du prix à provenir de la vente, après déduction des frais et intérêts dus, s'opérera en commençant par les versements les plus anciennement exigibles; le déficit sera à la charge des obligés aux versements.

L'excédant, s'il en existe, appartiendra à l'actionnaire exproprié.

16. Les actionnaires ne sont engagés que jusqu'à concurrence du capital de chaque action, au delà tout appel de fonds est interdit.

TITRE IV.

CONSEIL D'ADMINISTRATION.

17. La compagnie est administrée par un conseil composé de quinze membres.

Les membres du conseil sont nommés par l'assemblée générale, pour cinq années.

Chaque administrateur doit être propriétaire de cent actions, qui seront inaliénables pendant la durée de ses fonctions; les titres de ces actions seront déposés à la caisse de la société.

18. Les fonctions d'administrateurs sont gratuites, les administrateurs reçoivent des jetons de présence dont la valeur sera fixée par l'assemblée générale.

Toutefois, il pourra être attribué aux membres des deux comités dont il est question au deuxième paragraphe de l'article 27, une rémunération dont le chiffre sera également réglé par l'assemblée générale.

19. Par dérogation à l'article 17, le premier conseil d'administration sera composé des seize membres dont les noms suivent, savoir:

MM. *Ernest André*,
Baduel (*H.*),
Bertin (*Stephan*),
Bischoffsheim (*Louis-Raphaël*),
V. Cibiel,
Damas junior,
Dotezac (*Edouard*),
D'Eichthal (*Adolphe*),
Léon Faucher,
Duc *de Galliera*,
Emile Pereire,
Isaac Pereire,
David Salomons,
F. Samazeuilh,
Charles Séguin,
Et *J. Viguerie*.

Ce premier conseil ne sera soumis à aucun renouvellement jusques et y compris une année après l'époque fixée par le cahier des charges pour la mise en exploitation de la ligne entière de Bordeaux à Cette.

A l'expiration de ce délai, le conseil sera renouvelé chaque année, par cinquième, par l'assemblée générale.

Jusqu'au renouvellement intégral du premier conseil, le sort désignera l'ordre de sortie des administrateurs qui en auront fait partie.

Le renouvellement aura lieu ensuite par rang d'ancienneté.

Tout membre sortant peut être réélu.

Jusqu'à ce que le nombre des membres du conseil soit réduit à quinze, il ne sera pas procédé au remplacement des membres qui auront cessé d'en faire partie par toute autre cause que le tirage au sort fixé au paragraphe 4 du présent article.

20. Le conseil d'administration nomme chaque année un président et un ou deux vice-présidents.

En cas d'absence du président et des vice-présidents, le conseil désigne celui de ses membres qui doit remplir les fonctions de président.

Le président et les vice-présidents peuvent être indéfiniment réélus.

21. Le conseil d'administration se réunit aussi souvent que l'intérêt de la société l'exige, et au moins une fois par mois. Les décisions sont prises à la majorité des membres présents; en cas de partage, la voix du président est prépondérante.

La présence de quatre administrateurs est nécessaire pour valider les délibérations.

Lorsque quatre membres seulement sont présents, les décisions doivent être prises à l'unanimité.

22. Nul ne peut voter par procuration dans le conseil d'administration de la compagnie.

Dans le cas où deux membres dissidents sur une question demanderaient qu'elle fût ajournée jusqu'à ce que l'opinion de un ou plusieurs administrateurs absents fût connue, il sera envoyé à tous les administrateurs absents une copie ou un extrait du procès-verbal, avec une invitation de venir voter dans une prochaine réunion à jour fixé, ou d'adresser par écrit leur opinion au président; celui-ci en donnera lecture au conseil, après quoi la décision sera prise à la majorité des membres présents.

Dans aucun cas l'application de la disposition qui précède ne peut retarder l'accomplissement des obligations imposées à la compagnie par les cahiers des charges de la concession, ni l'exécution des injonctions qui seraient notifiées par le Gouvernement en vertu de ces cahiers de charges.

23. Les délibérations du conseil d'administration sont constatées par des procès-verbaux signés par le président et deux des membres qui ont pris part à la délibération; les copies ou extraits de ces délibérations à produire en justice ou ailleurs sont signés par le président ou par celui des membres qui en remplit les fonctions.

24. Lorsque le nombre des membres du conseil d'administration aura été réduit à quinze, il sera pourvu provisoirement, au cas de vacances, par le conseil d'administration à la majorité des membres restants; les administrateurs ainsi nommés auront les mêmes pouvoirs que les autres

administrateurs, et ne demeureront en fonctions que le temps d'exercice qui resterait à leurs prédécesseurs.

Ces nominations seront soumises à la confirmation de l'assemblée générale,

25. Le conseil d'administration est investi des pouvoirs les plus étendus pour l'administration de la société.

Il fixe les dépenses générales de l'administration.

Il passe, pour l'exécution et l'exploitation des chemins de fer et du canal latéral à la Garonne formant l'objet de la société, les traités et les marchés de toute nature; autorise, effectue ou ratifie les achats de terrains et immeubles qui seraient nécessaires pour l'exécution et l'exploitation des chemins de fer et du canal; il règle les approvisionnements et autorise l'achat des matériaux, machines et autres objets nécessaires à l'exploitation; il autorise tous achats et vente d'objets mobiliers.

Il fait les traités relatifs à l'exécution des articles 54 et 60 des cahiers de charges.

Il règle l'emploi des fonds de la réserve et détermine le placement des fonds disponibles.

Il autorise tous retraits, transferts, transports, aliénations de fonds, rentes et valeurs appartenant à la société.

Il autorise la vente des terrains et bâtiments inutiles.

Il peut, avec l'approbation de l'assemblée générale, acheter des immeubles autres que ceux désignés au paragraphe 3 du présent article.

Il donne toute quittance.

Il autorise toutes mainlevées d'opposition ou d'inscriptions hypothécaires, ainsi que tous désistements de privilége.

Il autorise toutes actions judiciaires, tous compromis et toutes transactions.

Il fixe et modifie, soit les tarifs, soit leur mode de perception; il fait les transactions y relatives, le tout dans les limites déterminées par les cahiers des charges; il fait les règlements relatifs a l'organisation du service et à l'exploitation des chemins de fer et du canal, sous les conditions déterminées par les cahiers des charges.

Il traite, transige et compromet sur tous les intérêts de la compagnie.

Il adresse au Gouvernement toutes demandes de prolongements de chemins de fer ou d'embranchements, sauf autorisation préalable ou ratification de ces demandes par l'assemblée générale.

Il soumet à l'assemblée générale toutes propositions d'emprunts.

Il lui soumet également les propositions de prolongements ou d'embranchements, de fusion ou traités avec d'autres compagnies, de prolongation ou de renouvellement de la concession, de modification ou addition aux statuts, et notamment de l'augmentation du fonds social et de la prorogation de la société.

Il nomme et révoque tous les agents et employés, il fixe leurs attributions et leurs traitements, leur alloue toutes gratifications; et généralement il statue sur tous les intérêts qui rentrent dans l'administration de la société.

26. Le conseil d'administration pourvoit à la négociation des emprunts votés par l'assemblée générale.

Tous pouvoirs lui sont, dès à présent, donnés pour négocier, au moyen de l'émission d'obligations ou de tous autres titres, un emprunt jusqu'à concurrence, 1° de quarante millions de francs, par suite de la concession du chemin de fer de Bordeaux à Cette, et du canal latéral à la Garonne, dans le cas où la concession serait limitée au chemin de fer de Bordeaux à Cette, et du canal latéral à la Garonne; 2° de la somme que rendra nécessaire la loi à intervenir pour la concession définitive des chemins de fer de Bordeaux à Bayonne, et de Narbonne à Perpignan.

L'emprunt aura lieu quand le conseil le jugera convenable, sauf l'approbation du Gouvernement, au moyen de l'émission et de la négociation d'obligations ou autres titres dont il déterminera la forme, le taux d'émission et les époques de négociation.

Cet emprunt sera remboursable par annuités dans les conditions fixées par le cahier des charges pour la garantie de l'intérêt à quatre pour cent, et de l'amortissement également à quatre pour cent en cinquante années accordées par l'Etat.

27. Le conseil d'administration peut déléguer ses pouvoirs pour l'expédition des affaires courantes à un ou à deux comités pris dans son sein et composés chacun de cinq membres et siégeant, l'un à Paris, et l'autre à Bordeaux.

Les membres de ces deux comités sont nommés par le conseil d'administration, qui règle leurs attributions et leurs pouvoirs respectifs de telle façon que, dans tous les cas, la direction des affaires de l'entreprise parte du siége de la société.

Le conseil d'administration peut en outre, par un mandat spécial, déléguer tout ou partie de ses pouvoirs à telle personne que bon lui semble.

28. Conformément à l'article 32 du Code de commerce, les membres du conseil d'administration ne contractent, à raison de leur gestion, aucune obligation personnelle ou solidaire, relativement aux engagements de la société.

Ils ne répondent que de l'exécution de leur mandat.

29. Les transferts de rentes et effets publics appartenant à la société, les actes d'acquisition, de vente et d'échange des propriétés immobilières de la société, les transactions, marchés et actes engageant la société, les acquits et endossements, ainsi que les mandats sur la Banque et sur tous les dépositaires de fonds de la société, doivent être signés par un administrateur et une personne désignée par le conseil, à moins d'une délégation expresse du conseil à un seul administrateur ou à toute autre personne.

TITRE V.

ASSEMBLÉE GÉNÉRALE DES ACTIONNAIRES.

30. L'assemblée générale, régulièrement constituée, représente l'universalité des actionnaires.

31. L'assemblée générale se compose de tous les titulaires ou porteurs de quarante actions.

Nul ne peut représenter un actionnaire s'il n'est lui-même membre de l'assemblée générale; la forme des pouvoirs sera déterminée par le conseil d'administration.

L'assemblée est régulièrement constituée lorsque les actionnaires présents sont au nombre de trente au moins, et représentent le vingtième du fonds social.

32. Dans le cas où, sur une première convocation, les actionnaires présents ne rempliraient pas les conditions ci-dessus imposées pour la validité des délibérations de l'assemblée générale, cette assemblée sera ajournée de plein droit; l'ajournement ne pourra être moindre de vingt-cinq jours.

La seconde convocation est faite dans la forme prescrite par l'article 35; mais le délai entre la publication de l'avis et la réunion est réduit à vingt jours.

Les délibérations prises par l'assemblée générale dans la seconde réunion ne peuvent porter que sur les objets a l'ordre du jour de la première.

Ces délibérations sont valables, quel que soit le nombre des actionnaires présents et des actions représentées.

33. Les délibérations relatives aux emprunts, sauf ce qui a été stipulé ci-dessus, et aux modifications des statuts, ne pourront être prises que dans une assemblée générale réunissant au moins le dixième du fonds social, et à la majorité des deux tiers des voix des membres présents, au nombre de trente au moins.

Celles relatives à l'augmentation du fonds social, à la prorogation ou à la dissolution de la société, ne peuvent être prises que dans une assemblée générale représentant au moins le cinquième du fonds social, et à la même majorité.

Dans le cas où, sur une première convocation, les actionnaires présents ne rempliraient pas les conditions imposées par le paragraphe qui précède, pour la validité des opérations de l'assemblée générale, il sera procédé à une seconde convocation, à un mois d'intervalle, ainsi qu'il est expliqué à l'article précédent.

Les délibérations de l'assemblée générale, réunie en vertu de cette deuxième convocation, seront valables, pourvu que les actionnaires, au nombre de trente, représentent au moins le dixième du fonds social.

34. L'assemblée générale est réunie de droit, chaque année, à Paris, dans le courant du mois d'avril.

Elle se réunit, en outre, extraordinairement, toutes les fois que le conseil d'administration en reconnaît l'utilité.

35. Les convocations ordinaires et extraordinaires sont faites par un avis inséré, un mois au moins avant l'époque de la réunion, dans deux des journaux d'annonces légales de Paris et de Bordeaux désignés comme il est dit à l'article 14.

Lorsque l'assemblée générale doit être appelée à délibérer sur les emprunts ou sur les propositions spéciales énumérées en l'article 41 ci-après, les avis de convocation doivent en faire mention.

36. Les propriétaires d'actions doivent, pour avoir droit d'assister à l'assemblée générale, déposer leurs titres au siége de la société, à Paris, quinze jours avant l'époque fixée pour la réunion de chaque assemblée. Il est remis à chacun d'eux une carte d'admission, cette carte est nominative et personnelle.

Les certificats de dépôt mentionnés en l'article 11 donnent droit, pour les dépôts de quarante actions ou plus, à la remise des cartes d'admission à l'assemblée générale, pourvu que le dépôt des titres ait eu lieu quinze jours avant l'époque fixée pour l'assemblée générale.

37. L'assemblée générale est présidée par le président ou l'un des vice-présidents du conseil d'administration, et, à leur défaut, par l'administrateur désigné par le conseil pour les remplacer; les fonctions de scrutateurs seront remplies par les deux plus forts actionnaires présents au moment de l'ouverture de la séance, et qui auront accepté.

Le bureau désigne le secrétaire.

38. Les délibérations de l'assemblée générale sont prises à la majorité des voix, conformément a l'article 39.

Le scrutin secret peut être réclamé par dix membres pour la nomination des administrateurs.

En cas de partage, la voix du président sera prépondérante.

39. Quarante actions donnent droit à une voix; le même actionnaire ne peut réunir plus de dix voix, soit par lui-même, soit comme fondé de pouvoirs.

40. Le nombre d'actions dont chaque actionnaire est possesseur est constaté par sa carte d'admission.

41. L'assemblée générale entend et discute les comptes et les approuve, s'il y a lieu.

Elle nomme les administrateurs en remplacement de ceux dont les fonctions sont expirées, ou qu'il y a lieu de remplacer par suite de décès, démission ou autre cause.

Elle prononce, en se renfermant dans les limites des statuts, sur tous les intérêts de la société.

Elle délibère sur les propositions qui lui sont soumises, en exécution des paragraphes 15 et 16 de l'article 25, et donne au conseil d'administration tous pouvoirs nécessaires à cet effet.

Les décisions relatives aux objets mentionnés au paragraphe 16 de l'article 25 ne sont exécutoires qu'après avoir été approuvées par le Gouvernement.

42. Les délibérations de l'assemblée générale, prises conformément aux statuts, obligent tous les actionnaires.

Elles sont constatées par des procès-verbaux signés par les membres du bureau, ou au moins par la majorite d'entre eux; les copies ou extraits de ces procès-verbaux à produire, partout où besoin est, sont certifiées par le président du conseil d'administration ou celui des membres qui en fait fonction. Une feuille de présence, destinée à constater le nombre des membres assistant à l'assemblée et celui des actions représentées par chacun d'eux, demeure annexée à la minute du procès-verbal ainsi que les pouvoirs. Cette feuille est signée par chaque actionnaire, en entrant en séance.

TITRE VI.

COMPTES ANNUELS.—INTÉRÊTS.—DIVIDENDES.—FONDS DE RÉSERVE.

43. Pendant l'exécution des travaux, et à partir de l'époque fixée pour les versements jusqu'à l'achèvement de la ligne principale de Bor-

deaux à Cette, il sera payé annuellement aux actionnaires quatre pour cent d'intérêts des sommes par eux versées en exécution de l'article 14.

Il sera pourvu à ces payements par les intérêts des placements de fonds, par les produits des diverses parties de la ligne qui auront été successivement mises en exploitation, et par tous autres produits accessoires de l'entreprise; enfin, en cas d'insuffisance, au moyen de la garantie souscrite par l'Etat (article 67 du cahier des charges), et, au besoin, par un prélèvement sur le fonds social.

44. Après la mise en exploitation des sections de Bordeaux à Castets et de Béziers à Cette, le compte des recettes et dépenses sera arrêté et soumis, chaque année, à l'assemblée générale; sur le produit net, déduction faite de toutes les charges et dépenses d'entretien et d'exploitation, il sera prélevé, s'il y a lieu : 1° la somme nécessaire pour servir les intérêts des fonds versés par les actionnaires; 2° la somme nécessaire pour restituer à l'Etat les avances qu'il aurait pu faire en exécution du dernier paragraphe de l'article précédent; 3° la somme nécessaire pour restituer au fonds social la portion qui aurait pu être employée antérieurement au service des intérêts; le surplus, s'il y en a, sera attribué, savoir : moitié au fonds de réserve et moitié aux actionnaires à titre de dividende. Cette dernière attribution sera élevée aux trois quarts lorsque les sections de Castets à Agen et d'Agen à Toulouse auront été livrées à la circulation, et aux neuf dixièmes lorsque l'une des deux autres sections, soit celle de Toulouse à Carcassonne, soit celle de Carcassonne à Béziers, aura été mise en exploitation.

45. Après la mise en exploitation de toutes les sections, il sera dressé, chaque année, un inventaire général de l'actif et du passif de la société : cet inventaire sera soumis à l'assemblée générale des actionnaires dans la réunion du mois d'avril.

Les produits de l'entreprise serviront d'abord à acquitter les dépenses d'entretien et d'exploitation des chemins et du canal, les frais d'administration, l'intérêt ou l'amortissement des emprunts qui auront pu être contractés, et généralement toutes les charges sociales.

46. Il sera prélevé sur l'excédant des produits annuels, après le payement des charges mentionnées en l'article précédent, une retenue destinée à constituer un fonds de réserve; la quotité de cette retenue ne pourra être inférieure à cinq pour cent dudit excédant.

Quand la réserve aura atteint quatre millions, le prélèvement de cinq pour cent pourra être réduit ou suspendu.

Il reprendra cours aussitôt que le fonds de réserve sera descendu au-dessous de ce chiffre.

Le surplus des produits annuels sera réparti entre toutes les actions.

47. Lorsque l'emprunt mentionné à l'article 26 aura été intégralement remboursé, il sera prélevé, sur l'excédant des produits nets annuels : 1° une retenue destinée à constituer un fonds d'amortissement, et calculé de telle sorte que le fonds social soit complétement amorti cinq ans avant l'expiration de la concession ;

2° Cinq pour cent du fonds social pour le montant en être réparti également entre toutes les actions amorties et non amorties, la part afférente aux actions amorties devant être versée au fonds d'amortissement, afin de compléter la somme nécessaire pour amortir la totalité des actions dans le délai prescrit.

Le surplus des produits annuels sera réparti également entre toutes les actions amorties ou non amorties; la portion afférente aux actions amorties sera distribuée aux propriétaires des titres qui auront été délivrés en échange de ces actions, ainsi qu'il sera dit article 49.

48. S'il arrivait que, dans le cours d'une ou plusieurs années, les produits nets de l'entreprise fussent insuffisants pour assurer le remboursement du nombre d'actions à amortir, la somme nécessaire pour compléter le fonds d'amortissement serait prélevée sur les premiers produits nets des années suivantes, par préférence et antériorité à toute attribution de dividende aux actionnaires.

49. Le fonds d'amortissement, composé ainsi qu'il est dit dans les deux articles précédents, sera employé, chaque année, jusqu'à due concurrence, à compter de la cinquantième année qui suivra la complète exécution des travaux, au remboursement d'un nombre d'actions déterminé, comme il est dit article 47.

La désignation des actions à amortir aura lieu au moyen d'un tirage au sort, qui se fera publiquement à Paris, chaque année, aux époques et suivant les formes qui seront déterminées par le conseil d'administration.

Les propriétaires des actions désignées par le tirage au sort pour le remboursement recevront, en numéraire, le capital effectivement versé de leurs actions et les dividendes jusqu'au jour indiqué pour le remboursement, et en échange de leurs actions primitives, des actions spéciales au porteur.

Ces actions donneront droit à une part proportionnelle dans le partage des bénéfices mentionnés au dernier paragraphe de l'article 47.

Les porteurs de ces actions conserveront du reste, sauf le prélèvement de l'intérêt, les mêmes droits que les porteurs des actions non amorties.

Les numéros des actions désignées par le sort pour être remboursées seront publiés comme il est dit en l'article 14.

Le remboursement du capital de ces actions sera effectué au siége de la société, à partir du 1er janvier de chaque année, pour l'année qui aura précédé.

50. Le payement des intérêts a lieu par semestre.

Le payement des dividendes a lieu par semestre ou par année, suivant décision de l'assemblée générale.

51. Le payement des intérêts et dividendes se fait au siége de la société, aux époques que détermine le conseil d'administration.

Tous les intérêts et dividendes qui n'ont pas été touchés à l'expiration de cinq années après l'époque dûment annoncée pour leur payement, comme il est dit à l'article 14, sont acquis à la société, conformément à l'article 2277 du Code Napoléon.

TITRE VII.

DISPOSITIONS GÉNÉRALES. — MODIFICATIONS. — LIQUIDATION.

52. Si l'expérience fait reconnaître la convenance d'apporter quelques modifications ou additions aux présents statuts, l'assemblée est autorisée à y pourvoir dans la forme déterminée par l'article 33 qui précède.

Les délibérations relatives à ces objets ne seront exécutoires qu'après avoir été approuvées par le Gouvernement.

Tous pouvoirs sont donnés d'avance au conseil d'administration, délibérant à la majorité de ses membres, pour consentir les changements que le Gouvernement jugerait nécessaire d'apporter aux résolutions votées par l'assemblée générale.

53. Lors de la dissolution de la société, l'assemblée générale sera immédiatement convoquée par le conseil d'administration et déterminera, sur sa proposition, le mode de liquidation à suivre.

54. A l'expiration de la concession, toutes les valeurs provenant de la liquidation seront employées, avant toutes répartitions entre les actionnaires, à mettre les chemins et le canal en état d'être livrés au Gouvernement dans les conditions déterminées aux cahiers des charges de la concession.

TITRE VIII.

CONTESTATIONS.

55. Toutes les contestations qui pourront s'élever pendant la durée de la société ou lors de sa liquidation, soit entre les actionnaires et la société, soit entre les actionnaires eux-mêmes, et à raison des affaires sociales, seront jugées par des arbitres, conformément aux articles 51 et suivants du Code de commerce.

Dans le cas de contestations, tout actionnaire devra faire élection de domicile à Paris, et toutes notifications et assignations seront valablement faites au domicile par lui élu sans avoir égard à la distance de la demeure réelle.

A défaut d'élection de domicile, cette élection aura lieu de plein droit, pour les notifications judiciaires, au parquet de M. le procureur de la République près le tribunal de première instance de la Seine.

Le domicile élu formellement ou implicitement, comme il vient d'être dit, entraînera attribution de juridiction aux tribunaux compétents du département de la Seine.

Conformément à l'article 74 du cahier des charges annexé à la loi du 8 juillet 1852, le domicile de la compagnie est fixé à Paris, au siége social, et elle entend que toutes significations ne puissent lui être faites qu'à ce domicile.

TITRE IX.

PUBLICATION.

56. Pour faire publier les présents statuts partout où besoin sera, tous pouvoirs sont donnés au porteur d'une expédition.

Dont acte :

Fait et passé à Paris, au siége de la société dont s'agit, place Vendôme, n° 22, pour les comparants autres que M. *Dotezac*, et pour ce dernier en sa demeure, le 5 novembre 1852.

Et lecture faite les comparants ont signé avec les notaires.

Ensuite est écrit :

« Enregistré à Paris, sixième bureau, le 6 novembre 1852, volume 237,

« folio 23 recto, case 1re. Reçu cinq francs et cinquante centimes pour « décime. Signé *Boillot.* »

De la délibération prise par tous les concessionnaires des chemins de fer de Bordeaux a Cette, de Bordeaux à Bayonne et de Narbonne à Perpignan, et du canal latéral à la Garonne et ci-devant énoncée,

Il appert que lesdits concessionnaires ont adopté la proposition qui leur était faite par l'un d'eux de nommer une commission de sept membres dont la mission serait d'examiner, discuter, arrêter et faire homologuer les statuts de la société dont le projet était déposé sur le bureau, de consentir toutes modifications à ce sujet, et de conférer à l'effet de les accepter tous pouvoirs à trois d'entre eux,

Et qu'ils ont nommé membres de la commission chargée d'assurer l'exécution de cette proposition MM. *F.-X. de Ezpeleta, de Grimaldi, Emile Pereire, Isaac Pereire, d'Eichthal, Gil* et *Dotezac.*

En marge est écrit :

« Enregistré à Paris, sixième bureau, le 22 septembre 1852, volume 5, « folio 43 verso, case 9. Reçu deux francs et 20 centimes pour décime. « Signé *Boillot.* »

Extrait par ledit Me *Fould,* sur un extrait de la délibération annexé à la minute d'un acte reçu par Me *Galin,* comme substituant ledit Me *Fould,* son confrère, les 18 et 20 septembre 1852, resté en la possession dudit Me *Fould.*

Vu pour être annexé au décret du 6 novembre 1852, enregistré sous le n° 3200.

Le Ministre de l'intérieur, de l'agriculture et du commerce,

Signé F. DE PERSIGNY.

BULLETIN DES LOIS.

N° 28.

N° 239. — *Décret impérial qui annule une somme de 16 millions au budget de 1852, chapitre de l'établissement des grandes lignes de Chemins de fer, et rétablit un crédit de 7 millions au Budget de 1853, même chapitre.*

Du 13 Février 1853.

NAPOLÉON, par la grâce de Dieu et la volonté nationale, EMPEREUR DES FRANÇAIS, à tous présents et à venir, SALUT :

Sur le rapport de notre ministre secrétaire d'Etat au département des travaux publics;

Vu la loi en date du 8 juillet 1852 portant fixation du budget général des dépenses et des recettes de l'exercice 1853 ;

Considérant qu'une partie des crédits affectés sur l'exercice 1852 à l'établissement des grandes lignes de chemins de fer n'a pas été dépensée, que ce résultat est dû notamment aux économies importantes réalisées sur les travaux des chemins de fer de Paris à Strasbourg et de Tours à Bordeaux ;

Considérant, d'un autre côté, qu'un crédit de sept millions de francs proposé au budget de 1853 pour le chemin de Paris à Caen et Cherbourg, et celui de Bordeaux à Cette, a dû être retranché, attendu qu'à l'époque où le budget de 1853 a reçu la sanction législative, les lois relatives à la concession de ces deux chemins n'étaient pas encore votées,

DÉCRÉTONS :

ART. 1er. Une somme de seize millions de francs (16,000,000f) est annulée au chapitre V de la deuxième section du budget de 1852 (*Etablissements des grandes lignes de chemins de fer*).

2. Est rétabli au budget de 1853, chapitre VIII de la deuxième section (*Etablissements des grandes lignes de chemins de fer*), le

crédit de sept millions de francs (7,000,000f), ci-dessus mentionné, lequel se répartira ainsi qu'il suit :

Chemin de fer de Paris à Cherbourg, deux millions, ci..	2,000,000f
Chemin de fer de Bordeaux à Cette, cinq millions, ci.....	5,000,000
TOTAL..................................	7,000,000f

La régularisation de ce crédit sera proposée au Corps législatif dans sa prochaine session.

3. Le payement de la somme de deux millions affectée par l'article précédent au chemin de fer de Paris à Cherbourg aura lieu au moyen de la remise, par le trésor, d'obligations de la compagnie du chemin de fer de Rouen, conformément à l'article 3 du cahier des charges annexé à la loi du 8 juillet 1852.

4. Les ministres des travaux publics et des finances sont chargés, chacun en ce qui le concerne, de l'exécution du présent décret.

Fait au palais des Tuileries, le 13 février 1853.

Signé NAPOLÉON.

Par l'Empereur :

Le Ministre secrétaire d'Etat des travaux publics,

Signé P. MAGNE.

Le Ministre secrétaire d'Etat des finances,

Signé BINEAU.

BULLETIN DES LOIS.

N° 48.

N° 423. — *Loi relative aux chemins de fer de Bordeaux à Bayonne et de Narbonne à Perpignan.*

Du 28 Mai 1853.

NAPOLÉON, par la grâce de Dieu et la volonté nationale, EMPEREUR DES FRANÇAIS, à tous présents et à venir, SALUT.

AVONS SANCTIONNÉ et SANCTIONNONS, PROMULGUÉ et PROMULGUONS ce qui suit :

LOI.

Extrait du procès-verbal du Corps législatif.

LE CORPS LÉGISLATIF A ADOPTÉ LE PROJET DE LOI dont la teneur suit :

ART. Ier. Sont approuvés l'article 5 de la convention et les articles 4 et 7 du cahier des charges ci-annexé, relatifs aux engagements à la charge du trésor, pour l'exécution des chemins de fer de Bordeaux à Bayonne et de Narbonne à Perpignan.

2. Il est ouvert au ministre des travaux publics, sur l'exercice 1853, chapitre v, 2e section du budget (Etablissements des grandes lignes de chemins de fer), un crédit de trois millions trois cent mille francs (3,300,000 fr.) pour le chemin de fer de Bordeaux à Bayonne.

Délibéré en séance publique, à Paris, le 25 avril 1853.

Le Président,

Signé BILLAULT.

Les Secrétaires,

Signé ED. DALLOZ, MACDONALD duc de TARENTE, baron ESCHASSÉRIAUX.

Extrait du procès-verbal du Sénat.

Le Sénat ne s'oppose pas à la promulgation de la loi relative aux chemins de fer de Bordeaux à Bayonne et de Narbonne à Perpignan.

Délibéré en séance, au palais du Sénat, le 23 mai 1853.

Le Président,

Signé TROPLONG.

Les Secrétaires,

Signé Comte DE LA RIBOISIÈRE, A. THAYER, baron T. DE LACROSSE.

Vu et scellé du sceau du Sénat :

Signé Baron T. DE LACROSSE.

MANDONS et ORDONNONS que les présentes, revêtues du sceau de l'Etat et insérées au Bulletin des lois, soient adressées aux cours, aux tribunaux et aux autorités administratives, pour qu'ils les inscrivent sur leurs registres, les observent et les fassent observer, et notre ministre secrétaire d'Etat au département de la justice est chargé d'en surveiller la publication.

Fait au palais de Saint-Cloud, le 28 mai 1853.

Signé NAPOLÉON.

Vu et scellé du grand sceau :

Le Garde des sceaux, Ministre secrétaire d'État au département de la justice,

Signé ABBATUCCI.

Par l'Empereur :

Le Ministre d'Etat,

Signé ACHILLE FOULD.

Convention entre le Ministre des travaux publics et les personnes ci-dessous dénommées, pour la concession du Chemin de fer de Bordeaux à Cette et du canal latéral à la Garonne, ainsi que des Chemins de fer de Bordeaux à Bayonne et de Narbonne à Perpignan.

L'an 1852, et le 24 août,

Entre le ministre des travaux publics, agissant au nom de l'Etat, en vertu des pouvoirs qui lui ont été conférés par la loi du 8 juillet 1852, d'une part ;

Et MM. *Ernest André*, banquier à Paris ;

***Ardoin* et compagnie, banquiers à Paris, agissant tant en leur nom personnel que comme se portant fort pour M. *John-Lewis Ricardo*, membre du parlement, à Londres ;**

Baduel (*Hippolyte*), administrateur des messageries du Midi, à Toulouse ;

Bischoffsheim et compagnie, banquiers à Paris ;

Bertin (*Stéphan*), négociant à Bordeaux ;

Cibiel (*Vincent*), propriétaire à Paris ;

Dotezac (*Edouard*), propriétaire à Bordeaux ;

D'Eichthal, président du conseil d'administration du chemin de fer de Paris à Saint-Germain ;

François-Casimir Ezpeleta, banquier à Bordeaux ;

François-Xavier Ezpeleta, banquier à Bordeaux, agissant tant en son nom personnel qu'au nom de MM. *François Samazeuilh*, banquier à Bordeaux, et *Jean-Baptiste Damas* junior, négociant à Bordeaux, en vertu des pouvoirs qui lui ont été donnés le 16 juillet 1852 ;

Jean-Marie de Grimaldi, président du conseil d'administration du chemin de fer de Saint-Dizier à Gray, agissant tant en son nom personnel qu'au nom de M. *John Sadler*, membre du parlement, à Londres, en vertu des pouvoirs qui lui ont été donnés le 17 août dernier, et, en outre, au nom de M. le baron *Renouard de Bussière*, membre du Corps législatif, en vertu des pouvoirs qui lui ont été donnés le 24 juin, et pour M. *John Masterman*, banquier à Londres, en vertu des pouvoirs qui lui ont été donnés le 17 août dernier ;

P. Gil et compagnie, banquiers à Paris ;

Louis Lebeuf, sénateur, régent de la Banque de France ;

Eugène Le Comte, député au Corps législatif, agissant tant en son nom personnel qu'au nom de MM. *J.* et *P. Viguerie*, banquiers à Toulouse, en vertu des pouvoirs qui lui ont été donnés le 25 juillet dernier ;

Emile Pereire, administrateur du chemin de fer du Nord, à Paris, tant en son nom que comme se portant fort pour M. le duc *de Galliera*, et, en outre, comme mandataire de la compagnie du chemin de fer de Bordeaux à la Teste, aux fins des stipulations contenues, en ce qui concerne ce chemin, dans le cahier des charges ci-annexé ;

Isaac Pereire, administrateur du chemin de fer de Paris à Lyon, à Paris, agissant tant en son nom que comme se portant fort de M. *Levy-Léonard-Joseph Faucher*, membre de l'institut ;

De Rothschild frères, banquiers à Paris ;

Charles Séguin, administrateur du chemin de fer de Saint-Etienne à Lyon, de Paris, agissant tant en son nom personnel que comme se portant fort pour M. *Paul Séguin*, son frère, de Paris ;

A été convenu ce qui suit :

Art. 1er. Le ministre des travaux publics concède, au nom de l'Etat, à MM. *Ernest André*, *Ardoin* et compagnie, *Bischoffsheim* et compagnie, *Baduel*, *Cibiel*, *Damas*, *Dotezac*, *d'Eichthal*, *Ezpeleta* (*F.-C.*), *Ezpeleta* (*F.-X.*), *Faucher*, duc *de Galliera*, *de Grimaldi*, *Gil* et compagnie, *Lebeuf* (*Louis*), *Le Comte*, *Masterman*, *Emile Pereire*, *Isaac Pereire*, *Ricardo*, baron *Renouard de Bussière*, *Bertin*, *Viguerie* frères, *de Rothschild* frères, *de Samazeuilh*, *Charles Séguin*, *Paul Séguin*, *John Sadler*, le chemin de fer de Bordeaux à Cette, et le canal latéral à la Garonne, aux clauses et conditions du cahier des charges annexé à la loi du 8 juillet 1852.

2. De leur côté, les susnommés s'engagent à se soumettre aux clauses

et conditions dudit cahier des charges. La subvention mise à la charge de l'Etat par l'article 4 est fixée à trente-cinq millions de francs (35,000,000f).

3. La garantie d'intérêt stipulée dans l'article 67 du cahier des charges annexé à la loi du 8 juillet 1852 demeurera tout entière attachée aux actions et ne pourra, dans aucun cas, être employée à assurer un supplément d'intérêt aux obligations.

4. Le ministre des travaux publics concède, en outre, au nom de l'Etat, aux susnommés, qui l'acceptent, les chemins de fer de Bordeaux à Bayonne et de Narbonne à Perpignan, aux clauses et conditions du cahier des charges ci-annexé.

5. La garantie d'intérêt et d'amortissement stipulée à l'article 7 dudit cahier des charges ne sera exercée que dans le cas où les produits de toutes les entreprises concédées, savoir :

1° Chemin de fer de Bordeaux à Cette ;
2° Canal latéral à la Garonne ;
3° Chemin de fer de Lamothe à Bayonne ;
4° Embranchements de Mont-de-Marsan et de Dax ;
5° Chemin de fer de Narbonne à Perpignan ;
ne s'élèveraient pas à une somme suffisante pour faire face aux dits intérêts et amortissements garantis.

6. La concession dont il s'agit dans les deux articles précédents est, dès à présent, obligatoire pour les susnommés ; mais, en ce qui concerne l'Etat, elle est soumise à la ratification du pouvoir législatif.

Dans le cas où, dans la prochaine session du Corps législatif, une loi ne la confirmerait pas, les articles 4, 5 et 6 ci-dessus seraient considérés comme non avenus, et la concession du chemin de fer de Bordeaux à Cette, formulée dans les articles 1, 2 et 3, resterait pure et simple.

7. La présente convention ne sera valable qu'après avoir été approuvée par décret de l'Empereur.

Vu pour être annexé au projet de loi adopté dans la séance du 25 avril 1853.

Le Président,

Signé BILLAULT.

Les Secrétaires,

Signé ED. DALLOZ, MACDONALD duc DE TARENTE, baron ESCHASSÉRIAUX.

Vu pour être annexé à la loi et scellé du sceau du Sénat.

Le sénateur secrétaire du Sénat,

Signé Baron T. DE LACROSSE.

Vu pour être annexé à la loi du 28 mai 1853.

Le Ministre d'Etat,

Signé ACHILLE FOULD.

Cahier des charges de la concession du Chemin de fer de Bordeaux à Bayonne et de l'embranchement de Narbonne à Perpignan.

ART. 1er. La compagnie s'engage à exécuter, à ses frais, risques et périls, tous les travaux des chemins de fer ci-après définis, savoir :

1° Le chemin de fer de Bordeaux à Bayonne et ses embranchements sur Mont-de-Marsan et Dax ;

2° Le chemin de fer de Narbonne à Perpignan.

2. Le chemin de fer de Bordeaux à Bayonne empruntera, entre Bordeaux et Lamothe, le chemin de fer de Bordeaux à la Teste ; de Lamothe il se dirigera sur Bayonne par la Bouheyre, et aboutira, sur la rive droite de l'Adour, au point qui sera déterminé par l'administration.

Il sera établi un chemin de fer de jonction entre la gare du chemin de Bordeaux à Cette et le chemin de Bordeaux à Bayonne.

La ville de Mont-de-Marsan sera desservie par un embranchement qui se détachera de la ligne principale en un point qui sera déterminé par l'administration.

Il en sera de même pour la ville de Dax, à moins que la ligne principale ne passe près de cette ville.

Le chemin de fer de Narbonne à Perpignan s'embranchera, à Narbonne, sur le chemin de fer de Bordeaux à Cette ; il se dirigera par Salces sur Perpignan, où il aboutira sur la rive gauche de la Tet, au point qui sera déterminé par l'administration.

3. La compagnie s'engage à terminer ces chemins et à les rendre praticables et exploités dans toutes leurs parties, dans les délais suivants, savoir :

Pour le chemin de fer de Bordeaux à Bayonne, deux ans ;

Pour les embranchements sur Mont-de-Marsan et sur Dax, trois ans ;

Pour le chemin de fer de Narbonne à Perpignan, quatre ans.

Ces délais courront à dater du jour où la concession sera devenue définitive.

4. Le ministre des travaux publics, au nom de l'Etat, s'engage à payer à la compagnie, à titre de subvention, une somme de seize millions cinq cent mille francs (16,500,000f), qui sera versée en dix payements égaux, à la charge par la compagnie de justifier, avant chaque payement, d'une dépense en achats de terrains ou approvisionnements sur place d'une somme excédant de cinquante pour cent le montant des versements déjà effectués.

Le dernier payement ne sera fait qu'au moment de l'ouverture des deux lignes et de leurs embranchements.

5. Sont applicables aux chemins de fer ci-dessus définis les articles 5, 6, 7, 8, etc., jusqu'à 55 inclusivement, du cahier des charges de la concession du chemin de fer de Bordeaux à Cette. Toutefois, le poids des rails pourra être réduit à vingt-sept kilogrammes sur traverses et à vingt kilogrammes sur longrines.

6. Pour garantie de l'exécution des engagements de la compagnie, une somme d'un million de francs (1,000,000f) sera retenue sur le montant du cautionnement de six millions de francs (6,000,000f) stipulé par

l'article 57 du cahier des charges du chemin de fer de Bordeaux à Cette.

Cette somme sera rendue ainsi qu'il est dit à l'article 33 ci-dessus visé.

7. L'emprunt de quarante millions de francs (40,000,000f) autorisé par l'article 66 du cahier des charges du chemin de fer de Bordeaux à Cette, pourra être porté par la compagnie, avec la même garantie d'intérêt et d'amortissement, à cinquante et un millions de francs (51,000,000f).

La garantie de quatre pour cent d'intérêt autorisée par l'article 67 du cahier des charges précité pour le capital employé à l'exécution des travaux, en sus des subventions et de l'emprunt garanti, pourra être portée de soixante à soixante-sept millions de francs (67,000,000f), le tout dans les conditions stipulées aux articles ci-dessus visés.

Pour calculer le produit net du chemin de fer entre Lamothe et Bayonne, le péage pour la circulation des trains de la ligne de Bordeaux à Bayonne, entre Bordeaux et Lamothe, sera calculé, par kilomètre, à raison de moitié des taxes réellement perçues sur les voyageurs et marchandises de toute nature, par la compagnie de Bayonne.

8. Sont également applicables à la présente concession les articles 68 et suivants jusqu'à l'article 77 et dernier du même cahier des charges. Toutefois, la somme à verser par la compagnie en exécution de l'article 73 sera augmentée de quinze mille francs (15,000f), pour les deux chemins de fer de Bordeaux à Bayonne et de Narbonne à Perpignan.

9. La concession du chemin de fer de Bordeaux à la Teste est prorogée jusqu'à l'expiration de la concession du chemin de fer de Bordeaux à Bayonne, à la charge du remplacement du matériel roulant dans les conditions prescrites pour le chemin de fer de Bordeaux à Bayonne. Cette obligation s'étendra aux rails et autres éléments constitutifs de la voie sur toute la partie commune aux deux chemins.

10. Les actes à intervenir en raison du présent cahier des charges ne seront passibles que du droit fixe de un franc.

Vu pour être annexé au projet de loi adopté dans la séance du 25 avril 1853.

Le Président,

Signé Billault.

Les Secrétaires,

Signé Ed. Dalloz, Macdonald duc de Tarente,
baron Eschassériaux.

Vu pour être annexé à la loi et scellé du sceau du Sénat.

Le sénateur secrétaire du Sénat,

Signé Baron T. de Lacrosse.

Vu pour être annexé à la loi du 28 mai 1853.

Le Ministre d'Etat,

Signé Achille Fould.

BULLETIN DES LOIS.

N° 89.

N° 776. — *Décret impérial qui lève le séquestre du Chemin de fer de Bordeaux à la Teste.*

Du 1er Septembre 1853.

NAPOLÉON, par la grâce de Dieu et la volonté nationale, EMPEREUR DES FRANÇAIS, à tous présents et à venir, SALUT :

Sur le rapport de notre ministre secrétaire d'Etat au département de l'agriculture, du commerce et des travaux publics;

Vu l'arrêté du Chef du Pouvoir exécutif, en date du 30 octobre 1848 (1), qui a placé sous le séquestre le chemin de fer de Bordeaux à la Teste ;

Vu les lois des 17 novembre 1848 et 1er juin 1850, qui ont ouvert au ministre des travaux publics les crédits nécessaires pour assurer la continuation de l'exploitation dudit chemin ;

Vu la demande présentée par la compagnie concessionnaire des chemins de fer du Midi et du canal latéral à la Garonne, conformément à une convention passée entre ladite compagnie et les concessionnaires du chemin de Bordeaux à la Teste ;

Vu l'état, dressé par les soins de l'administrateur du séquestre, des dépenses faites par le trésor, pour l'exploitation dudit chemin ;

Vu les récépissés délivrés par le trésor, desquels il résulte que la compagnie des chemins de fer du Midi a versé, à la caisse du trésor, la somme due par la compagnie de Bordeaux à la Teste ;

Considérant que les motifs qui avaient déterminé la mise du chemin de fer de la Teste sous le séquestre n'existent plus, et qu'il n'y

---

(1) Xe série, *Bulletin*, 92, n. 883.

a aucun inconvénient à rendre à la compagnie la libre disposition de son exploitation,

Avons décrété et décrétons ce qui suit :

Art. 1er. Le séquestre du chemin de fer de Bordeaux à la Teste est levé.

2. Notre ministre secrétaire d'Etat au département de l'agriculture, du commerce et des travaux publics, est chargé de l'exécution du présent décret.

Fait à Dieppe, le 1er septembre 1853.

Signé NAPOLÉON.

Par l'Empereur :

Le Ministre secrétaire d'Etat au département de l'instruction publique et des cultes, chargé par intérim du département de l'agriculture, du commerce et des travaux publics,

Signé H. Fortoul.

BULLETIN DES LOIS.

N° 213.

N° 1925. — Décret impérial *qui approuve la convention passée, le 16 août 1854, entre le Ministre de l'Agriculture, du Commerce et des Travaux publics, et la Compagnie des chemins de fer du Midi et du canal latéral à la Garonne.*

Du 19 Août 1854.

NAPOLÉON, par la grâce de Dieu et la volonté nationale, Empereur des Français, à tous présents et à venir, salut :

Sur le rapport de notre ministre secrétaire d'Etat au département de l'agriculture, du commerce et des travaux publics;

Vu la loi du 8 juillet 1852, relative au chemin de fer de Bordeaux à Cette et au canal latéral à la Garonne, et le cahier des charges y annexé;

Vu le décret du 24 août 1852 (1) portant approbation de la concession du chemin de fer de Bordeaux à Cette et du canal latéral à la Garonne, ainsi que des chemins de fer de Bordeaux à Bayonne et de Narbonne à Perpignan;

Vu les projets comparatifs présentés par la compagnie concessionnaire des chemins de fer du Midi et du canal latéral à la Garonne, pour le tracé de la partie du chemin de fer de Bordeaux à Cette comprise entre Béziers et Cette;

Vu la délibération du conseil général des ponts et chaussées, du 5 décembre 1853;

Vu l'avis de la commission mixte des travaux publics du 26 du même mois;

Vu le sénatus-consulte du 25 décembre 1852, article 4 :

Vu la loi du 31 mai 1841, sur l'expropriation pour cause d'utilité publique;

Vu la convention provisoire passée, le 16 août 1854, entre notre ministre secrétaire d'Etat au département de l'agriculture, du commerce et des travaux publics, et MM. *Émile Pereire, Adolphe d'Eichthal*, duc *de Galliera*, comme représentant la société anonyme éta-

(1) Xe série, *Bulletin*, 575, n° 4401.

blie à Paris sous la dénomination de *Compagnie des chemins de fer du Midi et du canal latéral à la Garonne ;*

Ladite convention ayant pour objet diverses modifications de direction et de classement au chemin de fer de Bordeaux à Cette, dans le département de l'Hérault ;

Notre conseil d'Etat entendu,

AVONS DÉCRÉTÉ et DÉCRÉTONS ce qui suit :

ART. 1er. Est approuvée la convention passée, le 16 août 1854, entre notre ministre secrétaire d'Etat au département de l'agriculture, du commerce et des travaux publics, et MM. *Emile Pereire, Adolphe d'Eichthal*, duc *de Galliera*, comme représentant la compagnie des chemins de fer du Midi et du canal latéral à la Garonne.

2. Ladite convention restera annexée au présent décret.

3. Notre ministre secrétaire d'Etat au département de l'agriculture, du commerce et des travaux publics, est chargé de l'exécution du présent décret.

Fait à Biarritz, le 19 août 1854.

Signé NAPOLÉON.

Par l'Empereur :

Le Ministre secrétaire d'Etat au département de l'agriculture, du commerce et des travaux publics,

Signé P. MAGNE.

L'an 1854 et le 16 du mois d'août,

Entre le ministre de l'agriculture, du commerce et des travaux publics, agissant au nom de l'État sous réserve de l'approbation des présentes par décret de l'Empereur,

D'une part;

Et la société anonyme établie à Paris sous la dénomination de *Compagnie des chemins de fer du Midi et du canal latéral à la Garonne,*

Ladite compagnie représentée par

MM. *Emile Pereire,*
Adolphe d'Eichthal,
Duc *de Galliera,*

Membres du conseil de l'administration, spécialement autorisés par délibération de ce conseil, en date du 17 février 1854,

Élisant domicile au siége de ladite société, à Paris, rue d'Amsterdam, n° 3, et agissant sous la réserve de l'approbation de l'assemblée générale des actionnaires, dans un délai de quatre mois au plus tard,

D'autre part;

Il a été dit et convenu ce qui suit :

ART. 1er. Le chemin de fer de Bordeaux à Cette sera dirigé de Béziers sur Cette, par Agde et le sud de l'étang de Thau, suivant le tracé adopté par le ministre de l'agriculture, du commerce et des travaux publics, conformément à la délibération du conseil général des ponts et chaussées, en date du 5 décembre 1853.

Les dispositions de l'article 3 du cahier des charges annexé à la loi du 8 juillet 1852, relative au chemin de fer de Bordeaux à Cette et au canal latéral à la Garonne, sont modifiées en ce qu'elles ont de contraire à la stipulation qui précède.

2. La compagnie s'engage à exécuter à ses frais, risques et périls, un embranchement se détachant à Agde de la ligne de Bordeaux à Cette et se dirigeant par Pézenas sur Clermont et Lodève.

Toutefois, la compagnie ne sera tenue à exécuter au delà de Pézenas qu'une longueur correspondant à une dépense de un million quatre cent cinquante mille francs.

Les travaux de cet embranchement devront être exécutés dans un délai de cinq ans à partir du décret qui approuvera la présente convention, de manière qu'à l'expiration de ce délai ledit chemin soit entièrement terminé et livré à l'exploitation sur toute son étendue.

3. La concession du chemin de fer mentionné dans l'article qui précède ne fera qu'une seule et même entreprise avec la concession des chemins de fer de Bordeaux à Cette, de Bordeaux à Bayonne, de Narbonne à Perpignan, et du canal latéral à la Garonne, et prendra fin en même temps que cette dernière.

4. Les clauses et conditions du cahier des charges annexé à la loi du 8 juillet 1852 sont déclarées applicables à l'embranchement mentionné dans l'article 2 ci-dessus.

5. La présente convention et les actes qui s'y rapportent ne seront passibles que du droit fixe d'un franc.

Fait à Paris, les jour, mois et an que dessus.

Le Ministre de l'agriculture, du commerce et des travaux publics,

Signé P. MAGNE.

Signé *Emile Pereire*, *Adolphe d'Eichthal*, duc *de Galliera.*

Enregistré à Paris, le 29 août 1854, folio 117 recto, cases 3 et 4. Reçu un franc dix centimes. Signé *Bernier.*

BULLETIN DES LOIS

PARTIE SUPPLÉMENTAIRE.

N° 308.

N° 4959. — DÉCRET IMPÉRIAL *qui approuve des modifications aux statuts de la société anonyme établie à Paris sous la dénomination de* Compagnie des Chemins de fer du Midi et du Canal latéral à la Garonne.

Du 11 août 1856.

NAPOLÉON, par la grâce de Dieu et la volonté nationale, EMPEREUR DES FRANÇAIS, à tous présents et à venir, SALUT :

Sur le rapport de notre ministre secrétaire d'État au département de l'agriculture, du commerce et des travaux publics;

Vu le décret en date du 6 novembre 1852, portant autorisation de la société anonyme formée à Paris sous la dénomination de *Compagnie des chemins de fer du Midi et du Canal latéral à la Garonne*, et approbation de ses statuts ;

Vu la délibération de l'assemblée générale de ladite compagnie, en date du 24 juin 1856;

Notre conseil d'État entendu,

AVONS DÉCRÉTÉ ET DÉCRÉTONS ce qui suit :

ART. 1er. Les modifications aux statuts de la sociéte anonyme établie à Paris, sous la dénomination de *Compagnie des chemins de fer du Midi et du Canal latéral à la Garonne* sont approuvées telles qu'elles sont contenues dans l'acte passé, le 7 août 1856, devant Me *Fould* et son collègue, notaires à Paris, lequel acte restera annexé au présent décret.

2. Notre ministre secrétaire d'État au département de l'agriculture, du commerce et des travaux publics, est chargé de l'exécution du présent décret, qui sera publié au *Bulletin des lois*, inséré au *Moniteur* et dans un journal d'annonces judiciaires des départements de la Gironde, Lot-et-Garonne, Tarn-et-Garonne, Haute-Garonne, l'Aude,

l'Hérault, Pyrénées-Orientales, Landes, Hautes-Pyrénées et de la Seine, et enregistré, avec l'acte modificatif, au greffe du tribunal de commerce de la Seine.

Fait au palais de Saint-Cloud, le 11 août 1856.

Signé NAPOLÉON.

Par l'Empereur :

Le Ministre secrétaire d'État au département de l'agriculture, du commerce et des travaux publics,

Signé E. ROUHER.

Par-devant Me *Emile Fould* et son collègue, notaires à Paris, soussignés,

Ont comparu :

M. *Emile Pereire*, président du conseil d'administration de la compagnie des chemins de fer du Midi et du canal latéral à la Garonne, demeurant à Paris, rue d'Amsterdam, nº 5 ;

Et M. *Adolphe d'Eichtal*, banquier, demeurant à Paris, rue Basse-du-Rempart, nº 30 ;

M. *Isaac Pereire*, président du conseil d'administration de la société générale de Crédit mobilier, demeurant à Paris, rue d'Amsterdam, nº 5 ;

M. *Vincent Cibiel*, propriétaire, demeurant à Paris, avenue Gabrielle ;

M. *Georges-Frédéric-Conrad Thurneyssen*, propriétaire, demeurant à Paris, rue Saint-Lazare, nº 126,

Agissant tous les soussignés pour l'exécution des délibérations prises et en vertu des pouvoirs à eux donnés par l'assemblée générale des actionnaires de la compagnie des chemins de fer du Midi et du canal latéral à la Garonne, du 24 juin 1856, dont un extrait, signé par M. *Pereire*, est demeuré ci-annexé après mention de l'annexe par les notaires soussignés ;

Et une décision du conseil d'administration du 1er courant, dont un extrait est ci-annexé ;

Lesquels ont dit :

Que, par acte au rapport de Me *Fould* et son collègue, notaires à Paris, du 5 novembre 1852, il a été formé, sous la dénomination de *Compagnie des chemins de fer du Midi et du Canal latéral à la Garonne*, entre les concessionnaires dénommés audit acte et tous autres souscripteurs, une société anonyme ayant pour objet l'exécution et l'exploitation des chemins de fer et canal susindiqués, laquelle a été approuvée par décret présidentiel en date, à Paris, du 6 novembre 1852 ;

Que les actionnaires de ladite compagnie ont été convoqués et réunis, le 24 juin 1856, en assemblée générale ordinaire et extraordinaire, et qu'après que le conseil leur a eu exposé les circonstances qui rendent nécessaire l'augmentation du capital de la société et, par suite, la modification des statuts, lesdits actionnaires délibérant dans les conditions prescrites par les articles 33, 34, 35, 36, 37, 38 et 41 des statuts, ont, sur la proposition du conseil d'administration, pris à l'unanimité la résolution suivante :

« L'Assemblée générale ordinaire et extraordinaire donne les pouvoirs

« les plus étendus aux membres du conseil d'administration, avec faculté « de se substituer un ou plusieurs d'entre eux, à l'effet de passer acte « authentique des modifications a introduire dans les statuts sociaux, a « l'effet d'augmenter le fonds social dans les conditions indiquées dans le « rapport, d'en demander l'approbation au Gouvernement et de consen- « tir ou de proposer tous changements, additions aux statuts de la com- « pagnie, de faire toutes publications et insertions exigées par la loi, « et généralement de faire tout ce qui sera nécessaire pour établir régu- « lièrement les changements dont il s'agit ; »

Qu'en exécution des résolutions qui précèdent, le conseil d'administration de la compagnie a déclaré arrêter ainsi qu'il suit la rédaction des articles 4, 5 et 14 des statuts sociaux :

TITRE II.

FONDS SOCIAL. — ACTIONS. — VERSEMENTS.

« Art. 4. Le fonds social se compose :

« 1° Des souscriptions, apports et valeurs de toute nature qui compo « saient, aux termes des articles 4 et 5 des statuts approuvés le 6 novem- « bre 1852, le fonds social de la compagnie, divisé originairement en « cent trente-quatre mille actions de cinq cents francs ;

« 2° De la somme à provenir de l'émission de cent seize mille actions « nouvelles, lesquelles seront émises conformément aux dispositions de « l'article 5.

« Le fonds social, composé comme il vient d'être dit, est divisé en « deux cent cinquante mille actions, savoir :

« Cent trente-quatre mille actions déjà émises et entièrement libérées, « appartenant aux souscripteurs primitifs de la société du chemin de fer « du Midi et du canal latéral à la Garonne, ou à leurs ayants droit ;

« Quatre-vingt neuf mille trois cent trente-quatre actions qui seront « émises conformément au paragraphe 3 du présent article, et à l'arti- « cle 5 ci-après, et qui seront libérées conformément à l'article 14 « ci-après;

« Vingt-six mille six cent soixante-six actions qui resteront en réserve « et demeureront provisoirement attachées à la souche pour être ultérieu- « rement vendues à la Bourse de Paris par le ministère d'un agent de « change pour le compte de la société, au fur et à mesure des besoins de « la société, dans le délai, aux époques et aux conditions fixés par le « conseil d'administration.

« Art 5. Les quatre-vingt-neuf mille trois cent trente quatre actions « mentionnées au paragraphe 6 de l'article 4 seront mises à la disposition « des actionnaires porteurs des cent trente-quatre mille actions déjà créées, « qui auront, par préférence, droit de les souscrire dans la proportion « de deux actions nouvelles pour trois anciennes. Les porteurs d'actions « anciennes qui ne seraient pas réunies par groupe de trois, peuvent se « concerter pour exercer leurs droits, et toutes facilités leur seront « données à cet égard par le conseil d'administration.

« Le conseil d'administration réglera le mode, le montant de la plus- « value, et les conditions auxquelles les actions nouvelles seront attribuées « aux anciens actionnaires.

« Ces conditions seront préalablement soumises à l'approbation du « ministre de l'agriculture et des travaux publics.

« Celles des actions ainsi émises à la disposition des porteurs des « anciennes et qui n'auront pas été souscrites par eux, seront vendues « à la Bourse de Paris par les soins du conseil d'administration, pour le « compte de la société.

« Art. 14. Le montant de chaque action est payable à le caisse sociale « à Paris, aux époques et dans les proportions déterminées par le conseil « d'administration.

« Le premier versement sur les actions nouvelles est fixé à deux cent « cinquante francs par action; tout appel ulterieur de fonds devra être « annoncé un mois au moins avant l'époque fixée pour le versement « tant à Paris qu'à Bordeaux, dans deux des journaux d'annonces légales « de ces deux villes désignés conformément à la loi.

« Le conseil d'administration pourra autoriser la libération anticipée « des actions, mais seulement par voie de mesure générale applicable à « toutes les actions. »

Pour faire publier ces présentes tous pouvoirs sont donnés au porteur d'un extrait.

Dont acte :

Fait et passé à Paris, en sa demeure pour M. *Cibiel*, et au siége de la société générale de Crédit mobilier, sis à Paris, place Vendôme, n° 15, pour les autres parties,

L'an 1856, le 7 août,

Et après lecture les parties ont signé avec les notaires.

Ensuite est écrit :

« Enregistré à Paris, sixième bureau, le 7 août 1856, volume 275, « folio 96 verso, case 1. Reçu cinq francs, plus un franc pour double « décime. Signé *Sauger.* »

Suit la teneur de l'annexe.

Vu pour être annexé au décret impérial, en date du 11 août 1856, enregistré sous le n° 528.

Le Ministre secrétaire d'Etat au département de l'agriculture, du commerce et des travaux publics,

Signé E. Rouher.

BULLETIN DES LOIS.

N° 490.

N° 4493. — DÉCRET IMPÉRIAL *qui approuve la Convention passée, le 4 avril 1857, pour la concession d'un prolongement du Chemin de fer de Bordeaux à la Teste jusqu'à Arcachon.*

Du 14 avril 1857.

NAPOLÉON, par la grâce de Dieu et la volonté nationale, EMPEREUR DES FRANÇAIS, à tous présents et à venir, SALUT :

Sur le rapport de notre ministre secrétaire d'État au département de l'agriculture, du commerce et des travaux publics;

Vu le projet présenté par la compagnie des chemins de fer du Midi et du canal latéral à la Garonne, pour le prolongement du chemin de fer de Bordeaux à la Teste jusqu'à Arcachon ;

Vu les pièces des enquêtes ouvertes conformément au titre 1er de la loi du 3 mai 1841, et notamment les procès-verbaux des commissions d'enquête, en date des 24, 30 octobre, 6 novembre 1854 et 2 mai 1856 ;

Vu les avis du conseil général des ponts et chaussées, des 15 janvier 1855, 10 janvier et 3 juillet 1856 ;

Vu l'avis du comité consultatif des chemins de fer, en date du 22 novembre 1856 ;

Vu l'avis de la commission mixte des travaux publics, en date du 23 février 1857, et la lettre de notre ministre secrétaire d'Etat au département de la guerre, du 9 mars suivant ;

Vu le sénatus-consulte du 25 décembre 1852, art. 4 ;

Vu la loi du 3 mai 1841, sur l'expropriation pour cause d'utilité publique ;

Vu la convention provisoire passée, le 4 avril 1857, entre notre ministre secrétaire d'Etat au département de l'agriculture, du commerce et des travaux publics, et la compagnie des chemins de fer du Midi et du canal latéral à la Garonne ;

Notre conseil d'État entendu,

Avons décrété et décrétons ce qui suit :

Art. 1er. La convention provisoire passée, le 4 avril 1857, entre notre ministre secrétaire d'État au département de l'agriculture, du commerce et des travaux publics, et la compagnie des chemins de fer du Midi et du canal latéral à la Garonne, pour la concession d'un prolongement du chemin de fer de Bordeaux à la Teste jusqu'à Arcachon, est et demeure approuvée.

2. Pour l'acquisition des terrains nécessaires tant à l'exécution dudit prolongement qu'à la pose de la deuxième voie sur le chemin de fer de Bordeaux à la Teste, la compagnie est substituée aux droits comme elle est soumise aux obligations qui dérivent, pour l'État, de la loi du 3 mai 1841.

3. La convention ci-dessus mentionnée ne sera passible que du droit fixe de un franc.

4. Notre ministre de l'agriculture, du commerce et des travaux publics est chargé de l'exécution du présent décret, qui sera inséré au *Bulletin des lois.*

Fait au palais des Tuileries, le 14 avril 1857.

Signé NAPOLÉON.

Par l'Empereur :

Le Ministre secrétaire d'État au département de l'agriculture, du commerce et des travaux publics,

Signé E. Rouher.

Convention.

L'an 1857, et le 4 avril,

Entre les soussignés,

Le ministre secrétaire d'État au département de l'agriculture, du commerce et des travaux publics, agissant au nom de l'État, sous réserve de l'approbation des présentes par décret de l'Empereur,

D'une part ;

Et la société anonyme établie, à Paris, sous la dénomination de *Compagnie des Chemins de fer du Midi et du canal latéral à la Garonne,*

Ladite compagnie représentée par

MM. *Emile Pereire,*
Adolphe d'Eichthal,

ses administrateurs, élisant domicile au siège de ladite société, à Paris, place Vendôme, n° 16, et agissant en vertu d'une délibération du conseil d'administration de ladite compagnie, en date du 26 janvier 1855, et des pouvoirs conférés par l'assemblée générale de ses actionnaires, du 30 mars 1855,

D'autre part ;

Il a été dit et convenu ce qui suit :

Art. 1er. Le ministre de l'agriculture, du commerce et des travaux publics, au nom de l'Etat, concède à la compagnie des chemins de fer du Midi et du canal latéral à la Garonne, pour une durée de jouissance égale au temps restant à courir sur la durée de la concession du chemin de fer de Bordeaux à la Teste, un prolongement dudit chemin qui, partant de la gare de la Teste, ou d'un point de cette gare, aboutira en face du debarcadère d'Eyrac à proximité de la route départementale de la Teste à Arcachon.

2. La compagnie s'engage à exécuter, à ses frais, risques et périls, tous les travaux dudit chemin de fer dans un délai d'un an, à dater du décret de concession.

Elle sera tenue, en outre, d'acquérir dans le même délai les terrains nécessaires pour poser une seconde voie sur le chemin de fer de Bordeaux a la Teste, à partir de Lamothe.

3. Sont applicables au chemin de fer ci-dessus concédé les articles 5, 6 7, 8, etc., jusqu'à 56 inclusivement, du cahier des charges du chemin de fer de Bordeaux à Cette, ainsi que les articles 70 et suivants jusqu'à l'article 77 et dernier du même cahier des charges.

Les mêmes dispositions seront également appliquées au chemin de fer de Bordeaux à la Teste, pendant toute la durée du bail résultant des actes des 27 mars et 27 septembre 1852.

Fait à Paris, les jour, mois et an que dessus.

Le Ministre secrétaire d'Etat au département de l'agriculture, du commerce et des travaux publics,

Signé E. Rouher.

Approuvé l'écriture :

Signé *Emile Pereire.*

Approuvé l'écriture :

Signé *A. d'Eichthal.*

Enregistré à Paris, le 24 avril 1857, folio 45 verso, case 3. Reçu deux francs et quarante centimes de double décime. Signé *Bordeaux.*

BULLETIN DES LOIS.

N° 525.

N° 4814. — *Décret impérial qui approuve la Convention passée, le 21 juin 1857, entre le Ministre de l'Agriculture, du Commerce et des Travaux publics, et la Compagnie des Chemins de fer du Midi et du Canal latéral à la Garonne.*

Du 3 Juillet 1857.

NAPOLÉON, par la grâce de Dieu et la volonté nationale, EMPEREUR DES FRANÇAIS, à tous présents et à venir, SALUT :

Sur le rapport de notre ministre secrétaire d'Etat au département de l'agriculture, du commerce et des travaux publics ;

Vu le cahier des charges annexé au décret du 24 août 1852 (1), portant concession des embranchements de Bordeaux à Bayonne et de Narbonne à Perpignan, et notamment le paragraphe 4 de l'article 2 dudit cahier des charges, portant que ce dernier embranchement aboutira sur la rive gauche de la Tet, près Perpignan ;

Vu le mémoire descriptif et les plans et profils présentés par la compagnie concessionnaire pour l'établissement de la gare de Perpignan, dans l'hypothèse de son emplacement sur la rive droite de la Têt ;

Vu le registre de l'enquête ouverte à Perpignan sur ledit projet ;

Vu la délibération de la commission d'enquête, du 29 septembre 1856 ;

Vu les rapports des ingénieurs du contrôle, des 14 novembre et 17 décembre 1856 ;

L'avis du préfet des Pyrénées-Orientales, du 23 décembre 1856 ;

(1) X^e série, *Bulletin* 373, n° 4401.

L'avis du conseil général des ponts et chaussées, du 19 février 1857;

L'avis de la commission mixte des travaux publics, du 20 avril 1857;

L'avis de notre ministre de la guerre, du 4 mai 1857;

Vu la loi du 3 mai 1841;

Vu le sénatus-consulte du 25 décembre 1852, art. 4;

Vu la convention provisoire passée, le 21 juin 1857, entre notre ministre de l'agriculture, du commerce et des travaux publics, et la compagnie des chemins de fer du Midi et du canal latéral à la Garonne;

Notre conseil d'Etat entendu,

Avons décrété et décrétons ce qui suit :

Art. 1er. Est approuvée la convention provisoire passée, le 21 juin 1857, entre notre ministre secrétaire d'Etat de l'agriculture, du commerce et des travaux publics, et la compagnie concessionnaire des chemins de fer du Midi et du canal latéral à la Garonne, ladite convention ayant pour objet de modifier le paragraphe 4 de l'article 2 susvisé du cahier des charges de la concession de l'embranchement de Narbonne à Perpignan.

2. Notre ministre secrétaire d'Etat au département de l'agriculture, du commerce et des travaux publics est chargé de l'exécution du présent décret, lequel sera inséré au *Bulletin des lois*.

Fait à Plombières, le 3 juillet 1857.

Signé NAPOLÉON.

Par l'Empereur :

Le Ministre secrétaire d'Etat au département de l'agriculture, du commerce et des travaux publics,

Signé E. Rouher.

Convention.

L'an 1857 et le 21 juin,

Entre le ministre de l'agriculture, du commerce et des travaux publics, agissant au nom de l'Etat, sous réserve de l'approbation des présentes par décret de l'Empereur,

D'une part;

Et la compagnie des chemins de fer du Midi et du canal latéral à la Garonne, représentée par M. *Emile Pereire*, président du conseil d'administration de ladite compagnie, agissant en vertu des pouvoirs qui lui ont été donnés par délibération dudit conseil en date du 20 mars 1857, et sous la réserve en outre de la ratification des présentes par l'assemblée générale des actionnaires, dans un délai de trois mois, au plus tard,

D'autre part;

Il a été dit et convenu ce qui suit :

Art. 1er. Le paragraphe 4 de l'article 2 du cahier des charges relatif à la concession des embranchements de Bordeaux à Bayonne et de Narbonne à Perpignan est modifié ainsi qu'il suit :

« Le chemin de Narbonne à Perpignan s'embranchera à Narbonne « sur le chemin de fer de Bordeaux à Cette, et se dirigera par Salces, « Rivesaltes, et le Vernet sur Perpignan, où il aboutira sur la rive droite « de la Têt, au point qui sera determiné par l'administration. »

2. La compagnie s'engage à terminer dans un délai d'un an, à partir du décret qui approuvera la présente convention, les travaux à exécuter pour la traversée de la Têt, ainsi que sur la rive droite de cette rivière.

3. La présente convention ne sera passible que du droit fixe d'un franc.

Fait à Paris, les jour, mois et an que dessus.

Le Ministre de l'agriculture, du commerce et des travaux publics,

Signé E. Rouher.

Approuvé :

Signé *Emile Pereire.*

Enregistré à Paris le 9 juillet 1857, folio 23 verso, case 3, reçu un franc, décimes vingt centimes. Signé *Badereau.*

BULLETIN DES LOIS.

N° 544.

N° 4994. — *Décret impérial qui approuve la Convention passée, le 1er août 1857, pour la concession de Chemins de fer à la Compagnie des Chemins de fer du Midi et du Canal latéral à la Garonne.*

Du 1er Août 1857.

NAPOLÉON, par la grâce de Dieu et la volonté nationale, EMPEREUR DES FRANÇAIS, à tous présents et à venir, SALUT :

Sur le rapport de notre ministre secrétaire d'Etat au département de l'agriculture, du commerce et des travaux publics;

Vu la loi du 21 juillet 1856, portant autorisation de traiter, moyennant une subvention de vingt-six millions de francs et la garantie d'un intérêt minimum de quatre pour cent sur un capital n'excédant pas cent douze millions de francs, pour la concession des chemins de fer ci-après :

De Toulouse à Bayonne, par Montrejeau, le plateau de Lannemezan, Tarbes et Pau, avec embranchements sur Foix et Dax ;

D'Agen à Tarbes, par Auch et Rabastens ;

De Mont-de-Marsan à ou près Rabastens ;

Vu notre décret en date du 23 octobre 1856 (1), déclarant d'utilité publique l'exécution desdites lignes ;

Vu le sénatus-consulte du 25 décembre 1852, art. 4 ;

Vu la loi du 3 mai 1841, sur l'expropriation pour cause d'utilité publique ;

Vu la convention provisoire passée, le 1er août 1857, entre notre ministre de l'agriculture, du commerce et des travaux publics, et la compagnie des chemins de fer du Midi et du canal latéral à la

(1) *Bulletin* 438, n° 4100.

Garonne, pour la concession des chemins de fer dénommés à l'article 1er de la loi susvisée;

Notre conseil d'Etat entendu,

AVONS DÉCRÉTÉ et DÉCRÉTONS ce qui suit :

ART. 1er. Est approuvée la convention provisoire passée, le 1er août 1857, entre notre ministre secrétaire d'Etat au département de l'agriculture, du commerce et des travaux publics, et la compagnie des chemins de fer du Midi et du canal latéral à la Garonne, pour la concession des chemins de fer, 1° de Toulouse à Bayonne, par Montrejeau, le plateau de Lannemezan, Tarbes et Pau, avec embranchements sur Foix et sur Dax ; 2° d'Agen à Tarbes, par Auch et Rabastens ; 3° de Mont-de-Marsan à ou près Rabastens.

Une copie certifiée de ladite convention restera annexée au présent décret.

2. Pour le payement de la somme de vingt-quatre millions de francs (24,000,000f), allouée à la compagnie par l'article 4 de la convention énoncée à l'article précédent, il sera prélevé sur les vingt-six millions (26,000,000f) affectés, à titre de subvention, par la loi du 21 juillet 1856 à l'exécution des chemins de fer pyrénéens, une somme de six millions de francs (6,000,000f). Les dix-huit millions de francs (18,000,000f), formant le surplus seront, jusqu'à due concurrence, soldés au moyen de la somme de vingt-quatre millions de francs à verser au trésor par les compagnies d'Orléans et de Paris à Lyon et à la Méditerranée, conformément aux articles 12 et 10 des conventions du 11 avril 1857, approuvées par nos décrets du 19 juin de la même année (1).

3. Notre ministre secrétaire d'Etat au département de l'agriculture, du commerce et des travaux publics, est chargé de l'exécution du présent décret, lequel sera inséré au *Bulletin des lois*.

Fait au palais de Saint-Cloud, le 1er août 1857.

Signé NAPOLÉON.

Par l'Empereur :

Le Ministre secrétaire d'Etat au département de l'agriculture, du commerce et des travaux publics,

Signé E. ROUHER.

Convention entre le Ministre de l'Agriculture, du Commerce et des Travaux publics, et la Compagnie des Chemins de fer du Midi et du Canal latéral à la Garonne.

L'an 1857 et le 1er août,

Entre les soussignés :

Le ministre de l'agriculture, du commerce et des travaux publics,

---

(1) *Bulletin* 522 nos 4796 et 4797.

agissant au nom de l'Etat, sous réserve de l'approbation des présentes par décret de l'Empereur,

D'une part ;

Et la société anonyme établie à Paris sous la dénomination de *Compagnie des chemins de fer du Midi et du canal latéral à la Garonne,*

Ladite compagnie représentée par M. *Emile Pereire,*

Président du conseil d'administration, spécialement autorisé par délibération dudit conseil, en date du 20 mars 1857 ;

Elisant domicile au siége de ladite société, à Paris, place Vendôme, n° 15, et agissant en vertu des pouvoirs qui lui ont été donnés par les assemblées générales des actionnaires en date du 30 mai 1855 et du 24 juin 1856,

D'autre part ;

Il a été dit et convenu ce qui suit :

ART. 1er. Le ministre de l'agriculture, du commerce et des travaux publics, au nom de l'Etat, concède à la compagnie des chemins de fer du Midi et du canal latéral à la Garonne, qui l'accepte, les chemins de fer ci-après désignés :

1° De Toulouse à Bayonne par Montrejeau, la plateau de Lannemezan, Tarbes et Pau, avec embranchements sur Foix et sur Dax ;

2° D'Agen à Tarbes, par Auch et Rabastens;

3° De Mont-de-Marsan à ou près Rabastens.

La compagnie s'engage à exécuter à ses frais, risques et périls, les chemins de fer ci-dessus dénommés, dans un délai de huit ans, à partir du décret qui doit ratifier la présente convention.

2. Le ministre de l'agriculture, du commerce et des travaux publics, au nom de l'Etat, s'engage à concéder, sans subvention ni garantie d'intérêt, à la compagnie des chemins de fer du Midi et du canal latéral à la Garonne, un embranchement dirigé de Castres sur un point de la ligne de Bordeaux à Cette, à déterminer de Villefranche à Castelnaudary.

La compagnie s'engage à exécuter ledit embranchement à ses frais, risques et périls, dans un délai de huit années, à partir du décret qui en rendra la concession définitive.

Les engagements énoncés au présent article seront considérés comme nuls et non avenus dans le cas où leur exécution n'aurait pas été réclamée, soit par l'Etat, soit par la compagnie, dans un délai de deux ans, à partir du décret qui ratifiera la présente convention.

Les obligations résultant pour la compagnie de l'article 2 de la convention du 16 août 1854, en ce qui concerne le prolongement de l'embranchement d'Agde à Pézenas, au delà de cette dernière ville, sont modifiées ainsi qu'il suit :

Ledit embranchement sera prolongé de Pézenas jusqu'à Clermont, et la compagnie exécutera les travaux de ce prolongement à ses frais, risques et périls, dans un délai de quatre ans, à partir du décret qui ratifiera la présente convention.

3. La compagnie sera autorisée, sur sa demande, à établir sur le quai de la Grave, à Bordeaux, la gare du chemin de fer de Bordeaux à Cette, conformément au projet et moyennant les conditions qui seront arrêtées par l'administration, la compagnie entendue.

Les travaux seront terminés dans le délai de trois ans à partir de la décision définitive à intervenir.

La clause énoncée au premier paragraphe du présent article sera considérée comme nulle et non avenue, dans le cas où son exécution n'aurait pas été réclamée dans le délai d'un an à partir du décret qui ratifiera la présente convention.

4. Le ministre de l'agriculture, du commerce et des travaux publics s'engage, au nom de l'Etat, à payer à la compagnie, à titre de subvention pour l'exécution des chemins et embranchements mentionnés à l'article 1er ci-dessus, une somme de vingt-quatre millions de francs (24,000,000 f.)

Ladite subvention sera soldée en huit termes égaux de trois millions chacun, dont le premier sera payé le 15 février 1858, et les autres à pareille époque de chacune des sept années suivantes, de la manière énoncée ci-après :

Sur les fonds versés par les compagnies d'Orléans et de Paris à Lyon et a la Méditerranée.

1,750,000 francs au 15 février................ 1858.
1,750,000 francs au 15 février................ 1859.
1,750,000 francs au 15 février................ 1860.
1,750,000 francs au 15 février................ 1861.
2,750,000 francs au 15 février de chacune des quatre années suivantes.

Sur les fonds du trésor :

1,250,000 francs au 15 février............... 1858.
1,250,000 francs au 15 février............... 1859.
1,250,000 francs au 15 février .... 1860.
1,250,000 francs au 15 février............... 1861.
250,000 francs au 15 février de chacune des quatre années suivantes.

Les sommes à verser sur les fonds du trésor seront payées en obligations de l'Etat, ainsi qu'il sera dit à l'article 15 ci-après.

La compagnie devra justifier, avant chaque payement, de l'emploi sur les lignes auxquelles ladite subvention s'applique, en achats de terrains, en travaux et approvisionnements sur place, d'une somme triple du montant de chaque versement.

Le dernier versement ne sera fait qu'après l'ouverture de l'ensemble des chemins et embranchements dont il s'agit.

5. Le ministre de l'agriculture, du commerce et des travaux publics s'engage, en outre, à garantir, au nom de l'Etat, pendant cinquante ans, à dater de l'époque fixée pour l'achèvement total des travaux et de la manière qu'il jugera la plus propre à concilier les intérêts de l'Etat et ceux de ladite compagnie, un intérêt annuel de quatre pour cent (4 p. 0/0) sur le capital employé par elle, déduction faite de la subvention mentionnée en l'article qui précède, pour l'établissement des lignes concédées par l'article 1er de la présente convention, sans que ce capital puisse, en aucun cas, excéder la somme de cent douze millions de francs (112,000,000 fr.)

En conséquence, l'intérêt garanti annuellement par l'Etat ne pourra excéder quatre millions quatre cent quatre-vingt mille francs (4,480,000 f.)

6. A dater du 1er janvier 1866, si le produit net de l'exploitation des lignes concédées par l'article 1er de la présente convention excède huit pour cent (8 p. 0/0) du capital dépensé par la compagnie pour l'établissement desdites lignes, moitié de l'excédant sera attribuée à l'Etat.

7. La garantie d'un minimum d'intérêt de quatre pour cent (4 p. 0/0) et le partage au profit de l'Etat des bénéfices excédant huit pour cent (8 p. 0/0) du capital dépensé par la compagnie seront appliqués d'une manière distincte, en ce qui concerne, d'une part, les lignes comprises dans l'article 1er de la présente convention, et de l'autre, celles qui forment le réseau actuel des chemins de fer du Midi.

8. Un règlement d'administration publique déterminera, en ce qui concerne la garantie d'intérêt accordée à la compagnie, les formes suivant lesquelles elle sera tenue de justifier vis-à-vis de l'Etat et sous le contrôle de l'administration supérieure, d'une part, pour les lignes dénommées à l'article 1er de la présente convention, et, d'autre part, pour celles qui forment le réseau actuel des chemins de fer du Midi : 1° des frais de construction ; 2° des frais annuels d'entretien et d'exploitation ; 3° des recettes.

Ne seront pas comptés dans les frais annuels, les intérêts et l'amortissement des emprunts que la compagnie pourrait contracter pour l'achèvement des travaux, en cas d'insuffisance du capital garanti par l'Etat.

Le même règlement d'administration publique déterminera, pour les lignes mentionnées au paragraphe 1er ci-dessus, les dispositions destinées à régler l'exercice du droit de partage des bénéfices au delà de huit pour cent du capital dépensé par la compagnie sur lesdites lignes.

Le compte de premier établissement sera arrêté pour ces lignes cinq ans après les époques respectivement fixées pour l'achèvement de chacune d'elles.

Toutefois, après l'expiration de ce délai de cinq ans, la compagnie pourra être autorisée, s'il y a lieu, par décret délibéré en conseil d'Etat, à ajouter auxdits comptes les dépenses qui seraient faites pour l'exécution de travaux qui seraient reconnus être de premier établissement.

Dans tous les cas et lors même que les dépenses s'appliqueraient à des lignes soumises à la clause du partage au delà de huit pour cent, la compagnie n'aura droit qu'au prélèvement, sur les produits nets, des intérêts et de l'amortissement desdites dépenses.

9. Le ministre de l'agriculture, du commerce et des travaux publics, au nom de l'Etat, concède pour moitié, sans subvention ni garantie d'intérêt, à la compagnie des chemins de fer du Midi et du canal latéral à la Garonne, qui l'accepte, un raccordement à Bordeaux du chemin de fer de Paris à Bordeaux avec le chemin de fer du Midi, ledit raccordement étant concédé pour l'autre moitié à la compagnie de Paris à Orléans.

En conséquence, la dépense de construction sera supportée et les produits seront partagés par moitié entre lesdites deux compagnies. Les travaux dudit raccordement devront être terminés dans un délai de deux ans à partir du décret qui approuvera la présente convention.

Les compagnies sont autorisées à percevoir pour le passage sur le pont de la Garonne, en sus du parcours réel, la taxe d'un kilomètre par chaque somme de trois cent mille francs employée à la construction de ce pont, sans que, dans aucun cas, le nombre de kilomètres auquel s'appliquera cette taxe puisse être supérieur à cinq.

Les conditions de la construction et de l'exploitation du raccordement mentionné au présent article seront réglées de concert entre les deux compagnies, et, en cas de désaccord, par le ministre de l'agriculture, du commerce et des travaux publics.

10. Les travaux partiels approuvés par décisions spéciales du ministre de l'agriculture, du commerce et des travaux publics, sur l'avis du conseil général des ponts et chaussées, et entrepris antérieurement au décret qui ratifiera la présente convention sur différents points des lignes mentionnées à l'article 1er ci-dessus, seront continués par les entrepreneurs actuels jusqu'à leur complet achèvement.

Les comptes de ces travaux seront définitivement arrêtés par le ministre de l'agriculture, du commerce et des travaux publics.

Les dépenses excédant la somme de deux millions cinq cent mille francs (2,500,000 fr.) seront payées par la compagnie, ladite somme de deux millions cinq cent mille francs avancée par l'Etat lui sera remboursée, le 15 février 1858, par compensation avec le montant du premier terme de la subvention qui sera due a la compagnie, conformément à l'article 3 ci-dessus, ladite compensation devant s'opérer jusqu'à concurrence de sept cent cinquante mille francs sur les fonds du trésor, et pour le surplus, sur les fonds versés par les compagnies d'Orléans et de Paris à Lyon et à la Méditerranée.

11. Les obligations que la compagnie pourrait avoir à émettre tant pour l'exécution des travaux mis à sa charge par la présente convention, que pour l'achèvement des chemins qui lui ont été concédés par des actes antérieurs, ne pourront être émises qu'en vertu d'une autorisation du ministre de l'agriculture, du commerce et des travaux publics, qui déterminera l'époque, le mode et la forme de ses émissions, et fixera les époques et les quotités des versements jusqu'à complète réalisation.

12. La durée de la concession pour l'ensemble du réseau formé par les lignes précédemment concédées à la compagnie des chemins de fer du Midi et du canal latéral a la Garonne, et par les lignes concédées en vertu de la présente convention à titre, soit définitif, soit éventuel, sera de quatre-vingt-dix-neuf ans, à partir du premier janvier 1862; en conséquence, ladite concession prendra fin le trente et un décembre mil neuf cent soixante (31 décembre 1960).

13. La faculté de rachat stipulée au profit de l'Etat ne pourra être exercée que sur l'ensemble des lignes concédées à la compagnie, soit en vertu de la présente convention, soit en vertu d'actes antérieurs, et après un délai de quinze ans à partir de l'origine de la concession telle qu'elle est fixée par l'article ci-dessus.

14. Les lignes concédées à la compagnie des chemins de fer du Midi et du canal latéral à la Garonne en vertu de la présente convention, celles qui forment son réseau actuel, ainsi que le chemin de fer de Bordeaux à la Teste, seront régies par le cahier des charges ci-annexé. Toutefois, les dispositions du titre IV dudit cahier des charges ne seront applicables qu'à partir du 1er janvier 1858.

15. Sont maintenues les subventions montant ensemble à cinquante et un millions cinq cent mille francs (51,500,000 fr.) alloués à la compagnie par l'article 4 du cahier des charges annexé à la loi du 8 juillet 1852, l'article 2 de la convention du 24 août suivant, et l'article 4 du cahier des charges annexé à cette convention, ledit article approuvé par la loi du 28 mai 1853.

Le dernier terme desdites subventions tel qu'il sera réglé en vertu de la convention du 13 février 1855 sera transformé à l'époque de son échéance, c'est-à-dire à la date du 15 janvier 1859, en obligations négociables de l'Etat, de cinq cents francs chacune. Ces obligations porteront intérêt à cinq pour cent (5 p. 0/0) et seront remboursables en trente ans, par voie de tirage au sort.

La portion de subvention à payer sur les fonds du trésor, conformément à l'article 4 ci-dessus, pour l'exécution des chemins de fer énoncés à l'article 1er, et montant à la somme totale de six millions, sera payée, à mesure des échéances, en obligations de même nature.

16. Sont maintenus :

Premièrement. La garantie d'intérêt de quatre pour cent, avec amortissement également calculé à quatre pour cent pendant cinquante ans, sur un emprunt de cinquante et un millions de francs (51,000,000 fr.) (article 66 du cahier des charges annexé à la loi du 8 juillet 1852 et article 7 du cahier des charges annexé à la convention du 24 août 1852, ledit article approuvé par la loi du 28 mai 1853).

Deuxièmement. La garantie d'intérêt à 4 p. 0/0 pendant cinquante ans sur un capital de soixante-sept millions de francs (article 67 du cahier des charges annexé à la loi du 8 juillet 1852, et article 7, ci-dessus cité, du cahier des charges annexé à la convention du 24 août 1852).

Troisièmement. La disposition des articles 3 et 5 de ladite convention portant que les garanties énoncées aux deux paragraphes qui précèdent ne seront exercées que dans le cas où les produits des entreprises ci-après :

1° Chemin de fer de Bordeaux à Cette, avec embranchement sur Pézenas;

2° Canal latéral à la Garonne;

3° Chemin de fer de Lamothe à Bayonne;

4° Embranchement de Mont-de-Marsan;

5° Chemin de fer de Narbonne à Perpignan, ne s'élèveraient pas à une somme suffisante pour faire face auxdits intérêts et amortissements garantis.

Quatrièmement. Le paragraphe 3 de l'article 7 du cahier des charges annexé à la convention du 24 août 1852, ledit paragraphe portant que, pour calculer le produit net du chemin de fer entre Lamothe et Bayonne, le péage pour la circulation des trains de la ligne de Bordeaux à Bayonne, entre Bordeaux et Lamothe, sera calculé par kilomètre à raison de moitié des taxes réellement perçues sur les voyageurs et marchandises de toute nature par la compagnie de Bayonne.

Cinquièmement. Le partage, au profit de l'Etat, des bénéfices au delà de huit pour cent stipulé en ce qui concerne le chemin de fer de Bordeaux à Cette, par l'article 69 du cahier des charges annexé à la loi du 8 juillet 1852, et, en ce qui concerne le chemin de fer de Lamothe à Bayonne, avec embranchement sur Mont-de-Marsan et l'embranchement de Narbonne à Perpignan, par l'article 8 du cahier des charges supplémentaire annexé à la convention du 24 août 1852.

Sixièmement. Le titre II du cahier des charges annexé à la loi du 8 juillet 1852 et relatif au canal latéral à la Garonne.

17. Lorsque l'Etat aura, à titre de garant, payé tout ou partie d'une annuité d'intérêt, il en sera remboursé, avec les intérêts à quatre pour cent sur les bénéfices nets de l'entreprise excédant les intérêts garantis.

dans quelque année qu'ils se produisent, et avant tout prélèvement de dividendes au profit de la compagnie.

La clause énoncée au paragraphe précédent s'appliquera d'une manière distincte, d'une part à l'ensemble des lignes constituant le réseau actuel des chemins de fer du Midi, et d'autre part, à l'ensemble des lignes concédées en vertu de la présente convention.

Si, à l'expiration de la concession, l'Etat est créancier de la compagnie, le montant de sa créance sera compensé jusqu'à due concurrence avec la somme due à la compagnie pour la reprise du matériel, s'il y a lieu, aux termes de l'article 36 du cahier des charges ci-annexé.

18. Sont abrogées, dans toutes les dispositions dont le maintien ne résulte pas de la présente convention, les lois, décrets, conventions et cahiers des charges relatifs à la concession des chemins de fer de Bordeaux à Cette, avec embranchement sur Pézenas; de Bordeaux à la Teste et à Arcachon ; de Lamothe à Bayonne, avec embranchement sur Mont-de-Marsan, et de Narbonne à Perpignan.

19. La présente convention ne sera passible que du droit fixe d'un franc.

Fait à Paris, les jour, mois et an que dessus.

Le Ministre de l'agriculture, du commerce et des travaux publics,

Signé E. Rouher.

Approuvé l'écriture :

Signé *Emile Pereire.*

Enregistré à Paris, le 11 septembre 1857, folio 164 recto, case 1re. Reçu deux francs quarante centimes pour droit et double droit. Signé *Badereau.*

Cahier des charges relatif à la concession de Chemins de fer à la Compagnie du Midi.

TITRE Ier.

TRACÉ ET CONSTRUCTION DES CHEMINS.

Art. 1er. La concession de la compagnie des chemins de fer du Midi et du canal latéral à la Garonne comprend les lignes ci-après, savoir :

1° De Bordeaux à Cette, avec embranchements de Narbonne à Perpignan, et d'Agde à Pézenas et Clermont ;

2° De Lamothe à Bayonne, avec embranchement sur Mont-de-Marsan ;

3° La section de la Teste à Arcachon ;

4° De Toulouse à Bayonne, avec embranchements sur Foix et sur Dax ;

5° D'Agen à Tarbes ;

6° De Mont-de-Marsan à ou près Rabastens ;

7° Le raccordement du chemin de fer de Paris à Bordeaux avec les chemins du Midi, pour moitié de la concession;

8° Le canal latéral à la Garonne, de Toulouse à Castets.

Les tracés des lignes et embranchements exécutés ou en cours d'exécution sont maintenus conformément aux projets approuvés.

Les tracés des lignes à exécuter sont définis ainsi qu'il suit :

La ligne de Toulouse à Bayonne passera par ou près Saint-Martory, Saint-Gaudens, Montrejeau, franchira le plateau de Lannemezan, passera par ou près Tarbes, en desservant la ville de Bagnères-de-Bigorre, soit directement, soit par un embranchement partant de Tarbes, passera à ou près Pau, Ramons, Peyrehorade, et aboutira à Bayonne en un point qui sera déterminé par l'administration sur la rive gauche de l'Adour.

L'embranchement sur Foix se détachera de la ligne précédente à ou près Saint-Simon, suivra la vallée de l'Ariége en passant par ou près Saverdun et Pamiers, et aboutira à Foix en un point qui sera déterminé par l'administration.

L'embranchement sur Dax se séparera de la ligne de Toulouse à Bayonne à ou près Ramons, et se réunira à ou près la station de Dax à la ligne de Lamothe à Bayonne.

La ligne d'Agen à Tarbes se détachera du chemin de fer de Bordeaux à Cette en un point à déterminer près d'Agen, suivra la vallée du Gers, passera à ou près Lectoure, Auch et Rabastens, et se réunira à ou près Tarbes à la ligne ci-dessus définie de Toulouse à Bayonne.

La ligne de Mont-de-Marsan à ou près Rabastens se détachera de l'embranchement de Morcens à Mont-de-Marsan en un point qui sera déterminé ultérieurement, passera à ou près Cazères, Aire, Riscle, Maubourguet, et aboutira à la ligne d'Agen à Tarbes en un point à déterminer à ou près Rabastens.

L'exploitation de la compagnie comprend, en sus des lignes énoncées ci-dessus, la ligne de Bordeaux à la Teste, qu'elle a prise à bail pour toute la durée de la concession de cette dernière ligne, en vertu du traité en date du 27 septembre 1852, ledit traité mentionné à l'article 1er des statuts de la compagnie, approuvés par décret du 6 novembre 1852.

Le canal latéral à la Garonne reste soumis aux dispositions du titre II du cahier des charges annexé à la loi du 8 juillet 1852.

2. Les délais pour l'achèvement des lignes et embranchements en cours d'exécution, ou à construire, sont réglés ainsi qu'il suit :

Pour l'embranchement d'Agde à Pézenas, au 16 août 1859, et pour le prolongement jusqu'à Clermont, au 16 août 1861.

Pour le prolongement de l'embranchement de Narbonne à Perpignan, sur la rive droite de la Têt, au 1er janvier 1859.

Pour la ligne de Toulouse à Bayonne, avec embranchements sur Foix et sur Dax, pour celle d'Agen à Tarbes, et pour celle de Mont-de-Marsan à ou près Rabastens, à huit années, à partir du décret de concession.

Les lignes et embranchements ci-dessus dénommés devront être livrés à l'exploitation, sur toute leur étendue, à l'expiration des délais respectivement fixés pour leur achèvement.

3. Aucun travail ne pourra être entrepris, pour l'établissement des chemins de fer et de leurs dépendances, qu'avec l'autorisation de l'administration supérieure ; à cet effet, les projets de tous les travaux à exécuter seront dressés en double expédition et soumis à l'approbation du ministre,

qui prescrira, s'il a y lieu, d'y introduire telles modifications que de droit : l'une de ces expéditions sera remise à la compagnie avec le visa du ministre, l'autre demeurera entre les mains de l'administration.

Avant comme pendant l'exécution, la compagnie aura la facuté de proposer aux projets approuvés les modifications qu'elle jugerait utiles ; mais ces modifications ne pourront être exécutées que moyennant l'approbation de l'administration supérieure.

4. La compagnie pourra prendre copie de tous les plans, nivellements et devis qui pourraient avoir été antérieurement dressés aux frais de l'État.

5. Le tracé et le profil du chemin de fer seront arrêtés sur la production d'un projet d'ensemble comprenant, pour chaque ligne ou pour chaque section de ligne,

1° Un plan général à l'échelle de un dix millième ;

2° Un profil en long à l'échelle de un cinq millième pour les longueurs, et de un millième pour les hauteurs, dont les cotes seront rapportées au niveau moyen de la mer pris pour plan de comparaison ; au-dessous de ce profil, on indiquera, au moyen de trois lignes horizontales disposées à cet effet, savoir :

A. Les distances kilométriques du chemin de fer, comptées à partir de son origine ;

B. La longueur et l'inclinaison de chaque pente ou rampe ;

C. La longueur des parties droites et le développement des parties courbes du tracé, en faisant connaître le rayon correspondant à chacune de ces dernières ;

3° Un certain nombre de profils en travers, y compris le profil type de la voie ;

4° Un mémoire dans lequel seront justifiées toutes les dispositions essentielles du projet, et un devis descriptif dans lequel seront reproduites, sous forme de tableaux, les indications relatives aux déclivités et aux courbes déjà données sur le profil en long.

5° La position des gares et stations projetées, celle des cours d'eau et des voies de communication traversés par le chemin de fer, des passages, soit à niveau, soit en dessus, soit en dessous de la voie ferrée, devront être indiquées tant sur le plan que sur le profil en long ; le tout sans préjudice des projets à fournir pour chacun de ces ouvrages.

6. Les terrains seront acquis, et les ouvrages d'art seront exécutés immédiatement pour deux voies.

Les terrassements pourront être exécutés, et les rails pourront être posés pour une voie seulement, sauf l'établissement d'un certain nombre de gares d'évitement.

La compagnie sera tenue d'ailleurs d'établir la deuxième voie, soit sur la totalité du chemin, soit sur les parties qui lui seront désignées, lorsque l'insuffisance d'une seule voie, par suite du développement de la circulation, aura été constatée par l'administration.

Les terrains acquis par la compagnie pour l'établissement de la seconde voie ne pourront recevoir une autre destination.

7. La largeur de la voie entre les bords intérieurs des rails devra être de un mètre quarante-quatre centimètres ($1^{m},44$) à un mètre quarante-cinq centimètres ($1^{m},45$). Dans les parties à deux voies, la largeur de

l'entrevoie, mesurée entre les bords extérieurs des rails, sera de deux mètres ($2^{m},00$).

La largeur des accotements, c'est-à-dire des parties comprises de chaque côté, entre le bord extérieur du rail et l'arête supérieure du ballast, sera de un mètre ($1^{m},00$) au moins.

On ménagera au pied de chaque talus du ballast une banquette de cinquante centimètres ($0^{m},50$) de largeur.

La compagnie établira le long du chemin de fer les fossés ou rigoles qui seront jugés nécessaires pour l'assèchement de la voie et pour l'écoulement des eaux.

Les dimensions de ces fossés et rigoles seront déterminées par l'administration, suivant les circonstances locales, sur les propositions de la compagnie.

8. Les alignements seront raccordés entre eux par des courbes dont le rayon ne pourra être inférieur à trois cent cinquante mètres. Une partie droite de cent mètres au moins de longueur devra être ménagée entre deux courbes consécutives, lorsqu'elles seront dirigées en sens contraires.

Le maximum de l'inclinaison des pentes et rampes est fixé à dix millimètres par mètre. Ce maximum pourra, cependant, être élevé exceptionnellement avec l'approbation spéciale de l'administration.

Une partie horizontale de cent mètres au moins devra être ménagée entre deux fortes déclivités consécutives, lorsque ces déclivités se succéderont en sens contraires, et de manière à verser leurs eaux au même point.

Les déclivités correspondant aux courbes de faible rayon devront être réduites autant que faire se pourra.

La compagnie aura la faculté de proposer aux dispositions de cet article et à celles de l'article précédent les modifications qui lui paraîtraient utiles; mais ces modifications ne pourront être exécutées que moyennant l'approbation préalable de l'administration supérieure.

9. Le nombre, l'étendue et l'emplacement des gares d'évitement seront déterminés par l'administration, la compagnie entendue.

Le nombre des voies sera augmenté, s'il y a lieu, dans les gares et aux abords de ces gares, conformément aux décisions qui seront prises par l'administration, la compagnie entendue.

Le nombre et l'emplacement des stations de voyageurs et des gares de marchandises seront également déterminés par l'administration, sur les propositions de la compagnie, après une enquête spéciale.

La compagnie sera tenue, préalablement à tout commencement d'exécution, de soumettre à l'administration le projet desdites gares, lequel se composera :

1° D'un plan à l'échelle d'un cinq centième, indiquant les voies, les quais, les bâtiments et leur distribution intérieure, ainsi que la disposition de leurs abords;

2° D'une élévation des bâtiments à l'échelle de un centimètre pour mètre;

3° D'un mémoire descriptif dans lequel les dispositions essentielles du projet seront justifiées.

10. A moins d'obstacles locaux dont l'appréciation appartiendra à l'administration, le chemin de fer, à la rencontre des routes impériales ou départementales, devra passer, soit au-dessus, soit au-dessous de ces routes.

Les croisements de niveau seront tolérés pour les chemins vicinaux, ruraux ou particuliers.

11. Lorsque le chemin de fer devra passer au-dessus d'une route impériale ou départementale, ou d'un chemin vicinal, l'ouverture du viaduc sera fixée par l'administration, en tenant compte des circonstances locales; mais cette ouverture ne pourra, dans aucun cas, être inférieure à huit mètres ($8^m,00$) pour la route impériale, à sept mètres (7^m00) pour la route départementale, à cinq mètres (5^m00) pour un chemin vicinal de grande communication, et à quatre mètres ($4^m,00$) pour un simple chemin vicinal.

Pour les viaducs de forme cintrée, la hauteur sous clef, à partir du sol de la route, sera de cinq mètres (5^m00) au moins. Pour ceux qui seront formés de poutres horizontales en bois ou en fer, la hauteur sous poutre sera de quatre mètres trente centimètres ($4^m,30$) au moins.

La largeur entre les parapets sera au moins de huit mètres ($8^m,00$). La hauteur de ces parapets sera fixée par l'administration, et ne pourra, dans aucun cas, être inférieure à quatre-vingts centimètres ($0^m,80$).

12. Lorsque le chemin de fer devra passer au-dessous d'une route impériale ou départementale, ou d'un chemin vicinal, la largeur entre les parapets du pont qui supportera la route ou le chemin sera fixée par l'administration, en tenant compte des circonstances locales ; mais cette largeur ne pourra, dans aucun cas, être inférieure a huit mètres (8^m00) pour la route impériale, à sept mètres ($7^m,00$) pour la route départementale, à cinq mètres ($5^m,00$) pour un chemin vicinal de grande communication, et à quatre mètre8 ($4^m,00$) pour un simple chemin vicinal.

L'ouverture du pont entre les culées sera au moins de huit mètres (8^m00), et la distance verticale ménagée au-dessus des rails extérieurs de chaque voie pour le passage des trains ne sera pas inférieure à quatre mètres quatre-vingts centimètres ($4^m,80$) au moins.

13. Dans le cas où des routes impériales ou départementales, ou des chemins vicinaux, ruraux ou particuliers seraient traversés à leur niveau par le chemin de fer, les rails devront être posés sans aucune saillie ni dépression sur la surface de ces routes, et de telle sorte qu'il n'en résulte aucune gêne pour la circulation des voitures.

Le croisement à niveau du chemin de fer et des routes ne pourra s'effectuer sous un angle moindre de quarante-cinq degrés.

Chaque passage à niveau sera muni de barrières; il y sera, en outre, établi une maison de garde, toutes les fois que l'utilité en sera reconnue par l'administration.

La compagnie devra soumettre à l'approbation de l'administration les projets types de ces barrières.

14. Lorsqu'il y aura lieu de modifier l'emplacement ou le profil des routes existantes, l'inclinaison des pentes et rampes sur les routes modifiées ne pourra excéder trois centimètres ($0^m,03$) par mètre pour les routes impériales et départementales, et cinq centimètres ($0^m,5$) pour les chemins vicinaux. L'administration restera libre, toutefois, d'apprécier les circonstances qui pourraient motiver une dérogation à cette clause, comme à celle qui est relative à l'angle de croisement des passages à niveau.

15. La compagnie sera tenue de rétablir et d'assurer à ses frais l'écoulement de toutes les eaux dont le cours serait arrêté, suspendu ou modifié par ses travaux.

Les viaducs à construire à la rencontre des rivières, des canaux et des cours d'eau quelconques, auront au moins huit mètres ($8^m,00$) de largeur entre les parapets sur les chemins à deux voies, et quatre mètres cinquante centimètres (4^m50) sur les chemins à une voie. La hauteur de ces parapets sera fixée par l'administration et ne pourra être inférieure à quatre-vingts centimètres ($0^m.80$).

La hauteur et le débouché du viaduc seront déterminés, dans chaque cas particulier, par l'administration, suivant les circonstances locales.

16. Les souterrains à établir pour le passage du chemin de fer auront au moins huit mètres (8^m00) de largeur entre les pieds droits au niveau des rails, et six mètres ($6^m,00$) de hauteur sous clef, au-dessus de la surface des rails. La distance verticale entre l'intrados et le dessus des rails extérieurs de chaque voie ne sera pas inférieure à quatre mètres quatre-vingts centimètres ($4^m,80$). L'ouverture des puits d'aérage et de construction des souterrains sera entourée d'une margelle en maçonnerie de deux mètres (2^m00) de hauteur. Cette ouverture ne pourra être établie sur aucune voie publique.

16 *bis*. Les articles 7, 8, 11, 12, 13, 14, 15 et 16 ci-dessus, relatifs aux conditions d'établissement du chemin de fer ne s'appliquent pas aux voies, travaux et ouvrages d'art des lignes qui sont actuellement en exploitation ou en construction et pour lesquelles les dispositions des projets approuvés sont maintenues.

Les parties de seconde voie et autres ouvrages qu'il pourra être nécessaire d'établir ultérieurement sur ces lignes seront exécutées conformément aux dispositions des projets précédemment approuvés pour les mêmes lignes.

17. A la rencontre des cours d'eau flottables ou navigables, la compagnie sera tenue de prendre toutes les mesures et de payer tous les frais nécessaires pour que le service de la navigation ou du flottage n'éprouve ni interruption ni entrave pendant l'exécution des travaux.

A la rencontre des routes impériales et départementales et des autres chemins publics, il sera construit des chemins et ponts provisoires, par les soins et aux frais de la compagnie, partout où cela sera jugé nécessaire pour que la circulation n'éprouve ni interruption ni gêne.

Avant que les communications existantes puissent être interceptées, une reconnaissance sera faite par les ingénieurs de la localité, à l'effet de constater si les ouvrages provisoires présentent une solidité suffisante et s'ils peuvent assurer le service de la circulation.

Un délai sera fixé par l'administration pour l'exécution des travaux définitifs destinés à rétablir les communications interceptées.

18. La compagnie n'emploiera, dans l'exécution des ouvrages, que des matériaux de bonne qualité; elle sera tenue de se conformer à toutes les règles de l'art, de manière à obtenir une construction parfaitement solide.

Tous les aqueducs, ponceaux, ponts et viaducs à construire à la rencontre des divers cours d'eau et des chemins publics ou particuliers, seront en maçonnerie ou en fer, sauf les cas d'exception qui pourront être admis par l'administration.

19. Les voies seront établies d'une manière solide et avec des matériaux de bonne qualité.

Le poids des rails sera au moins de trente-cinq kilogrammes par mètre courant sur les voies de circulation, si ces rails sont posés sur traverses, et de trente kilogrammes dans le cas où ils seraient posés sur longrines.

Le poids des rails pourra être réduit au-dessous des chiffres ci-dessus fixés pour les embranchements et pour les parties de seconde voie à poser sur les sections des lignes actuelles où le poids des rails est inférieur à trente-cinq kilogrammes (35k)

20. Le chemin de fer sera séparé des propriétés riveraines par des murs, haies ou toute autre clôture dont le mode et les dispositions seront autorisés par l'administration, sur la proposition de la compagnie.

21. Tous les terrains nécessaires pour l'établissement du chemin de fer et de ses dépendances, pour la déviation des voies de communication et des cours d'eau déplacés, et, en général, pour l'exécution des travaux, quels qu'ils soient, auxquels cet établissement pourra donner lieu, seront achetés et payés par la compagnie concessionnaire.

Les indemnités pour occupation temporaire ou pour détérioration de terrains, pour chômage, modification ou destruction d'usines, et pour tous dommages quelconques résultant des travaux, seront supportées et payées par la compagnie.

22. L'entreprise étant d'utilité publique, la compagnie est investie, pour l'exécution des travaux dépendant de sa concession, de tous les droits que les lois et règlements confèrent à l'administration, en matière de travaux publics, soit pour l'acquisition des terrains par voie d'expropriation, soit pour l'extraction, le transport et le dépôt des terres, matériaux, etc. ; et elle demeure en même temps soumise à toutes les obligations qui dérivent, pour l'administration, de ces lois et règlements.

23. Dans les limites de la zone frontière et dans le rayon de servitude des enceintes fortifiées, la compagnie sera tenue, pour l'étude et l'exécution de ses projets, de se soumettre à l'accomplissement de toutes les formalités et de toutes les conditions exigées par les lois, décrets et règlements concernant les travaux mixtes.

24. Si la ligne du chemin de fer traverse un sol déjà concédé pour l'exploitation d'une mine, l'administration déterminera les mesures à prendre pour que l'établissement du chemin de fer ne nuise pas à l'exploitation de la mine, et réciproquement, pour que, le cas échéant, l'exploitation de la mine ne compromette pas l'existence du chemin de fer.

Les travaux de consolidation à faire dans l'intérieur de la mine, à raison de la traversée du chemin de fer, et tous les dommages résultant de cette traversée pour les concessionnaires de la mine, seront à la charge de la compagnie.

25. Si le chemin de fer doit s'étendre sur des terrains renfermant des carrières, ou les traverser souterrainement, il ne pourra être livré à la circulation avant que les excavations qui pourraient en compromettre la solidité n'aient eté remblayées ou consolidées. L'administration déterminera la nature et l'étendue des travaux qu'il conviendra d'entreprendre à cet effet, et qui seront d'ailleurs exécutés par les soins et aux frais de la compagnie.

26. Pour l'exécution des travaux, la compagnie se soumettra aux décisions ministérielles concernant l'interdiction du travail les dimanches et jours fériés.

27. La compagnie exécutera les travaux par des moyens et des agents à son choix, mais en restant soumise au contrôle et à la surveillance de l'administration.

Ce contrôle et cette surveillance auront pour objet d'empêcher la compagnie de s'écarter des dispositions prescrites par le présent cahier des charges et de celles qui résulteront des projets approuvés.

28. A mesure que les travaux seront terminés sur des parties de chemin de fer susceptibles d'être livrées utilement à la circulation, il sera procédé, sur la demande de la compagnie, à la reconnaissance, et, s'il y a lieu, à la réception provisoire de ces travaux par un ou plusieurs commissaires que l'administration désignera.

Sur le vu du procès-verbal de cette reconnaissance, l'administration autorisera, s'il y a lieu, la mise en exploitation des parties dont il s'agit ; après cette autorisation, la compagnie pourra mettre lesdites parties en service et y percevoir les taxes ci-après déterminées. Toutefois, ces réceptions partielles ne deviendront définitives que par la réception générale et définitive du chemin de fer.

29. Après l'achèvement total des travaux, et dans le délai qui sera fixé par l'administration, la compagnie fera faire, à ses frais, un bornage contradictoire et un plan cadastral du chemin de fer et de ses dépendances. Elle fera dresser, également à ses frais, et contradictoirement avec l'administration, un état descriptif de tous les ouvrages d'art qui ont été exécutés ; ledit état accompagné d'un atlas contenant les dessins cotés de tous lesdits ouvrages.

Une expédition dûment certifiée des procès-verbaux de bornage, du plan cadastral, de l'état descriptif et de l'atlas, sera dressée aux frais de la compagnie et déposée dans les archives du ministère.

Les terrains acquis par la compagnie, postérieurement au bornage général, en vue de satisfaire aux besoins de l'exploitation, et qui, par cela même, deviendront partie intégrante du chemin de fer, donneront lieu, au fur et à mesure de leur acquisition, à des bornages supplémentaires, et seront ajoutés sur le plan cadastral ; addition sera également faite sur l'atlas de tous les ouvrages d'art exécutés postérieurement à sa rédaction.

TITRE II.

ENTRETIEN ET EXPLOITATION.

30. Le chemin de fer et toutes ses dépendances seront constamment entretenus en bon état, de manière que la circulation y soit toujours facile et sûre.

Les frais d'entretien et ceux auxquels donneront lieu les réparations ordinaires et extraordinaires seront entièrement à la charge de la compagnie.

Si le chemin de fer, une fois achevé, n'est pas constamment entretenu en bon état, il y sera pourvu d'office à la diligence de l'administration et aux frais de la compagnie, sans préjudice, s'il y a lieu, de l'application des dispositions indiquées ci-après dans l'article 40.

Le montant des avances faites sera recouvré au moyen de rôles que le préfet rendra exécutoires.

31. La compagnie sera tenue d'établir, à ses frais, partout où besoin sera, des gardiens en nombre suffisant pour assurer la sécurité du passage des trains sur la voie, et celle de la circulation ordinaire sur les

points où le chemin de fer sera traversé à niveau par des routes ou chemins.

32. Les machines locomotives seront construites sur les meilleurs modèles; elles devront consumer leur fumée et satisfaire d'ailleurs à toutes les conditions prescrites ou à prescrire par l'administration pour la mise en service de ce genre de machines.

Les voitures des voyageurs devront également être faites d'après les meilleurs modèles, et satisfaire à toutes les conditions réglées ou à régler pour les voitures servant au transport des voyageurs sur les chemins de fer; elles seront suspendues sur ressorts et garnies de banquettes.

Il y en aura de trois classes au moins.

Les voitures de première classe seront couvertes, garnies et fermées à glaces;

Celles de deuxième classe seront couvertes, fermées à glaces, et auront des banquettes rembourrées;

Celles de troisième classe seront couvertes, fermées à vitres et munies de banquettes à dossier.

L'intérieur de chacun des compartiments de toute classe contiendra l'indication du nombre des places de ce compartiment.

L'administration pourra exiger qu'un compartiment de chaque classe soit réservé, dans les trains de voyageurs, aux femmes voyageant seules.

Les voitures de voyageurs, les wagons destinés au transport des marchandises, des chaises de poste, des chevaux ou des bestiaux, les plates-formes, et, en général, toutes les parties du matériel roulant seront de bonne et solide construction.

La compagnie sera tenue, pour la mise en service de ce matériel, de se soumettre à tous les règlements sur la matière.

Les machines locomotives, tenders, voitures et waggons de toute espèce, plates-formes, composant le matériel roulant, seront constamment entretenus en bon état.

33. Des règlements d'administration publique, rendus après que la compagnie aura été entendue, détermineront les mesures et les dispositions nécessaires pour assurer la police et l'exploitation du chemin de fer, ainsi que la conservation des ouvrages qui en dépendent.

Toutes les dépenses qu'entraînera l'exécution des mesures prescrites en vertu de ces règlements seront à la charge de la compagnie.

La compagnie sera tenue de soumettre à l'approbation de l'administration les règlements relatifs au service et à l'exploitation du chemin de fer.

Les règlements dont il s'agit dans les deux paragraphes précédents seront obligatoires, non-seulement pour la compagnie concessionnaire, mais encore pour toutes celles qui obtiendraient ultérieurement l'autorisation d'établir des lignes de chemin de fer d'embranchement ou de prolongement, et, en général, pour toutes les personnes qui emprunteraient l'usage du chemin de fer.

Le ministre déterminera, sur la proposition de la compagnie, le minimum et le maximum de vitesse des convois de voyageurs et de marchandises, et des convois spéciaux des postes, ainsi que de la durée du trajet.

34. Pour tout ce qui concerne l'entretien et les réparations du chemin de fer et de ses dépendances, l'entretien du matériel et le service de

l'exploitation, la compagnie sera soumise au contrôle et à la surveillance de l'administration.

En outre de la surveillance ordinaire, l'administration déléguera, aussi souvent qu'elle le jugera utile, un ou plusieurs commissaires pour reconnaître et constater l'état du chemin de fer, de ses dépendances et du matériel.

TITRE III.

DURÉE, RACHAT ET DÉCHÉANCE DE LA CONCESSION.

35. La durée de la concession, pour les différentes lignes mentionnées à l'article 1er du présent cahier des charges, sera de quatre-vingt-dix-neuf ans (99 ans). Elle commencera à courir le premier janvier mil huit cent soixante-deux (1er janvier 1862), et finira le trente et un décembre mil neuf cent soixante (31 décembre 1960).

36. A l'époque fixée pour l'expiration de la concession, et par le seul fait de cette expiration, le Gouvernement sera subrogé à tous les droits de la compagnie sur le chemin de fer et ses dépendances, et il entrera immédiatement en jouissance de tous ses produits.

La compagnie sera tenue de lui remettre en bon état d'entretien le chemin de fer et tous les immeubles qui en dépendent, quelle qu'en soit l'origine, tels que les bâtiments des gares et stations, les remises, ateliers et dépôts, les maisons de garde, etc. Il en sera de même de tous les objets immobiliers dépendant également dudit chemin, tels que les barrières et clôtures, les voies, changements de voies, plaques tournantes, réservoirs d'eau, grues hydrauliques, machines fixes, etc.

Dans les cinq dernières années qui précéderont le terme de la concession, le Gouvernement aura le droit de saisir les revenus du chemin de fer, et de les employer à rétablir en bon état le chemin de fer et ses dépendances, si la compagnie ne se mettait pas en mesure de satisfaire pleinement et entièrement à cette obligation.

En ce qui concerne les objets mobiliers, tels que le matériel roulant, les matériaux, combustibles et approvisionnements de tout genre, le mobilier des stations, l'outillage des ateliers et des gares, l'État sera tenu, si la compagnie le requiert, de reprendre tous ces objets sur l'estimation qui en sera faite à dire d'experts, et réciproquement, si l'Etat le requiert, la compagnie sera tenue de les céder de la même manière.

Toutefois, l'Etat ne pourra être tenu de reprendre que les approvisionnements nécessaires à l'exploitation du chemin pendant six mois.

37. A toute époque, après l'expiration des quinze premières années de la concession, le Gouvernement aura la faculté de racheter la concession entière du chemin de fer.

Pour régler le prix du rachat, on relèvera les produits nets annuels obtenus par la compagnie pendant les sept années qui auront précédé celle où le rachat sera effectué ; on en déduira les produits nets des deux plus faibles années, et l'on établira le produit net moyen des cinq autres années.

Ce produit net moyen formera le montant d'une annuité qui sera due et payée à la compagnie pendant chacune des années restant à courir sur la durée de la concession.

Dans aucun cas, le montant de l'annuité ne sera inférieur au produit net de la dernière des sept années prises pour terme de comparaison.

La compagnie recevra, en outre, dans les trois mois qui suivront le rachat, les remboursements auxquels elle aurait droit à l'expiration de la concession, selon l'article 36 ci-dessus.

38. La compagnie est dispensée de tout cautionnement à raison de la concession des lignes nouvelles.

39. Faute par la compagnie d'avoir terminé les travaux dans le délai fixé par l'article 2, faute aussi par elle d'avoir rempli les diverses obligations qui lui sont imposées par le présent cahier des charges, elle encourra la déchéance, et il sera pourvu, tant à la continuation et à l'achèvement des travaux qu'à l'exécution des autres engagements contractés par la compagnie, au moyen d'une adjudication, que l'on ouvrira sur une mise à prix des ouvrages exécutés, des matériaux approvisionnés et des parties du chemin de fer déjà livrées à l'exploitation.

Les soumissions pourront être inférieures à la mise à prix.

La nouvelle compagnie sera soumise aux clauses du présent cahier des charges, et la compagnie évincée recevra d'elle le prix que la nouvelle adjudication aura fixé.

Si l'adjudication ouverte n'amène aucun résultat, une seconde adjudication sera tentée sur les mêmes bases, après un délai de trois mois; si cette seconde tentative reste également sans résultat, la compagnie sera définitivement déchue de tous droits, et alors les ouvrages exécutés, les matériaux approvisionnés et les parties de chemin de fer déjà livrées à l'exploitation appartiendront à l'État.

40. Si l'exploitation du chemin de fer vient à être interrompue en totalité ou en partie, l'administration prendra immédiatement, aux frais et risques de la compagnie, les mesures nécessaires pour assurer provisoirement le service.

Si, dans les trois mois de l'organisation du service provisoire, la compagnie n'a pas valablement justifié qu'elle est en état de reprendre et de continuer l'exploitation, et si elle ne l'a pas effectivement reprise, la déchéance pourra être prononcée par le ministre. Cette déchéance prononcée, le chemin de fer et toutes ses dépendances seront mis en adjudication, et il sera procédé ainsi qu'il est dit à l'article précédent.

41. Les dispositions des trois articles qui précèdent cesseraient d'être applicables, et la déchéance ne serait pas encourue dans le cas où le concessionnaire n'aurait pu remplir ses obligations par suite de circonstances de force majeure dûment constatées.

TITRE IV.

TAXES ET CONDITIONS RELATIVES AU TRANSPORT DES VOYAGEURS ET DES MARCHANDISES.

42. Pour indemniser la compagnie des travaux et dépenses qu'elle s'engage à faire par le présent cahier des charges, et sous la condition expresse qu'elle en remplira exactement toutes les obligations, le Gouvernement lui accorde l'autorisation de percevoir, pendant toute la durée de la concession, les droits de péage et les prix de transport ci-après déterminés :

TARIF.	PRIX de péage.	PRIX de transport.	TOTAUX.
	fr. c.	fr. c.	fr. c.
1° Par tête et par kilomètre.			
GRANDE VITESSE.			
Voyageurs. Voitures couvertes, garnies et fermées à glaces (1re classe)	0 067	0 033	0 10
Voyageurs. Voitures couvertes, fermées à glaces, et à banquettes rembourrées (2e classe).	0 05	0 025	0 075
Voyageurs. Voitures couvertes, fermées à vitres (3e classe)	0 037	0 018	0 055
Enfants... Au-dessous de trois ans, les enfants ne payent rien à la condition d'être portés sur les genoux des personnes qui les accompagnent. De trois à sept ans, ils payent demi-place et ont droit à une place distincte; toutefois dans un même compartiment, deux enfants ne pourront occuper que la place d'un voyageur. Au-dessus de sept ans ils payent place entière			
Chiens transportés dans les trains de voyageurs. (Sans que la perception puisse être inférieure à 0f 30c)	0 010	0 005	0 015
PETITE VITESSE.			
Bœufs, vaches, taureaux, chevaux, mulets, bêtes de trait	0 07	0 03	0 10
Veaux et porcs	0 025	0 015	0 04
Moutons, brebis, agneaux, chèvres	0 01	0 01	0 02
(Lorsque les animaux ci-dessus dénommés seront, sur la demande des expéditeurs, transportés à la vitesse des trains de voyageurs, les prix seront doublés.)			
2° Par tonne et par kilomètre.			
MARCHANDISES TRANSPORTÉES A GRANDE VITESSE.			
Huitres, poissons frais, denrées, excédants de bagage et marchandises de toute classe transportées à la vitesse des trains de voyageurs	0 20	0 16	0 36
MARCHANDISES TRANSPORTÉES A PETITE VITESSE.			
Première classe. — Spiritueux, huiles, bois de menuiserie, de teinture et autres bois exotiques, produits chimiques non dénommés, œufs, viande fraîche, gibier, sucre, café, drogues, épiceries, tissus, denrées coloniales, objets manufacturés, armes	0 09	0 07	0 16
Deuxième classe. — Blés, grains, farines, légumes farineux, riz, maïs, châtaignes et autres denrées alimentaires non dénommées, chaux et plâtre, charbon de bois, bois à brûler dit de *corde*, perches, chevrons, planches, madriers, bois de charpente, marbre en bloc, albâtre, bitumes, cotons, laines, vins, vinaigres, boissons, bières, levure sèche, coke, fers, cuivres, plomb et autres métaux ouvrés ou non, fontes moulées	0 08	0 06	0 14
Troisième classe. — Houille, marne, cendres, fumiers et engrais, pierres à chaux et à plâtre, pavés et matériaux pour la construction et la réparation des routes, pierres de tailles et produits de carrières, minerais de fer et autres, fonte brute, sel, moellons, meulières, cailloux, sable, argiles, briques, ardoises	0 06	0 04	0 10

	PRIX de péage.	PRIX de transport.	TOTAUX.
3° Voitures et Matériel roulant transportés à petite vitesse.	fr. c.	fr. c.	fr. c.
Par pièce et par kilomètre.			
Wagon ou chariot pouvant porter de 3 à 6 tonnes.	0 09	0 06	0 15
Wagon ou chariot pouvant porter plus de 6 tonnes.	0 12	0 08	0 20
Locomotive pesant de 12 à 18 tonnes (ne traînant pas de convoi)................................	1 80	1 20	3 00
Locomotive pesant plus de 18 tonnes (ne traînant pas de convoi)................................	2 25	1 50	3 75
Tender de 7 à 10 tonnes...............	0 90	0 60	1 50
Tender de plus de 10 tonnes....................	1 35	0 90	2 25
Les machines locomotives sont considérées comme ne traînant pas de convoi, lorsque le convoi remorqué, soit de voyageurs, soit de marchandises, ne comportera pas un péage au moins égal à celui qui serait perçu sur la locomotive avec son tender marchant sans rien traîner.			
Le prix à payer pour un wagon chargé ne pourra jamais être inférieur à celui qui serait dû pour un wagon marchant à vide.			
Voitures à deux ou quatre roues, à un fond et à une seule banquette dans l'intérieur...........	0 15	0 10	0 25
Voitures à quatre roues, à deux fonds et à deux banquettes dans l'intérieur, omnibus, diligences, etc	0 18	0 14	0 32
Lorsque, sur la demande des expéditeurs, les transports auront lieu à la vitesse des trains de voyageurs, les prix ci-dessus seront doublés.			
Dans ce cas, deux personnes pourront, sans supplément de prix, voyager dans les voitures à une banquette, et trois dans les voitures à deux banquettes, omnibus, diligences, etc.; les voyageurs excédant ce nombre payeront le prix des places de deuxième classe.			
Voitures de déménagement à deux ou à quatre roues, à vide..................................	0 12	0 08	0 20
Ces voitures, lorsqu'elles seront chargées, payeront en sus des prix ci-dessus, par tonne de chargement et par kilomètre	0 08	0 06	0 14
4° Service des Pompes funèbres et transport des Cercueils.			
GRANDE VITESSE.			
Une voiture des pompes funèbres, renfermant un ou plusieurs cercueils, sera transportée aux mêmes prix et conditions qu'une voiture à quatre roues, à deux fonds et à deux banquettes...	0 36	0 24	0 60
Chaque cercueil confié à l'administration du chemin de fer sera transporté, dans un compartiment isolé, au prix de.............................	0 18	0 12	0 30

Les prix déterminés ci-dessus pour les transports à grande vitesse ne comprennent pas l'impôt dû à l'Etat.

Il est expressément entendu que les prix de transport ne seront dus à la compagnie qu'autant qu'elle effectuerait elle-même ces transports à ses frais et par ses propres moyens ; dans le cas contraire, elle n'aura droit qu'aux prix fixés pour le péage.

La perception aura lieu d'après le nombre de kilomètres parcourus. Tout kilomètre entamé sera payé comme s'il avait été parcouru en entier.

Si la distance parcourue est inférieure à six kilomètres, elle sera comptée pour six kilomètres.

Le poids de la tonne est de mille kilogrammes.

Les fractions de poids ne seront comptées, tant pour la grande que pour la petite vitesse, que par centième de tonne ou par dix kilogrammes, etc.

Ainsi, tout poids compris entre zéro et dix kilogrammes payera comme dix kilogrammes ; entre dix et vingt kilogrammes, comme vingt kilogrammes, etc.

Toutefois, pour les excédants de bagages et marchandises à grande vitesse, les coupures seront établies : 1° de zéro à cinq kilogrammes; 2° au-dessus de cinq jusqu'à dix kilogrammes; 3° au-dessus de dix kilogrammes par fraction indivisible de dix kilogrammes.

Quelle que soit la distance parcourue, le prix d'une expédition quelconque, soit en grande, soit en petite vitesse, ne pourra être moindre de quarante centimes.

Dans le cas où le prix de l'hectolitre de blé s'élèverait sur le marché régulateur de Bordeaux à vingt francs ou au-dessus, le Gouvernement pourra exiger de la compagnie que le tarif du transport des blés, grains, riz, maïs, farines et légumes farineux, péage compris, ne puisse s'élever au maximum qu'à sept centimes par tonne et par kilomètre.

43. A moins d'une autorisation spéciale et révocable de l'administration, tout train régulier de voyageurs devra contenir des voitures de toute classe en nombre suffisant pour toutes les personnes qui se présenteraient dans les bureaux du chemin de fer.

Dans chaque train de voyageurs, la compagnie aura la faculté de placer des voitures à compartiments spéciaux pour lesquels il sera établi des prix particuliers que l'administration fixera sur la proposition de la compagnie ; mais le nombre des places à donner dans ces compartiments ne pourra dépasser le cinquième du nombre total des places du train.

44. Tout voyageur dont le bagage ne pèsera pas plus de trente kilogrammes n'aura à payer, pour le port de ce bagage, aucun supplément du prix de sa place.

Cette franchise ne s'appliquera pas aux enfants transportés gratuitement, et elle sera réduite à vingt kilogrammes pour les enfants transportés à moitié prix.

45. Les animaux, denrées, marchandises, effets et autres objets non désignés dans le tarif seront rangés, pour les droits à percevoir, dans les classes avec lesquelles ils auront le plus d'analogie, sans que jamais (sauf les exceptions formulées aux articles 46 et 47 ci-après) aucune marchandise non dénommée puisse être soumise à une taxe supérieure à celle de la première classe du tarif ci-dessus.

Les assimilations de classes pourront être provisoirement réglées par la compagnie, mais elles seront soumises immédiatement à l'administration, qui prononcera définitivement.

46. Les droits de péage et les prix de transport déterminés au tarif ne sont point applicables à toute masse indivisible pesant plus de trois mille kilogrammes (3,000 k.).

Néanmoins, la compagnie ne pourra se refuser à transporter les masses indivisibles pesant de trois mille à cinq mille kilogrammes; mais les droits de péage et les prix de transport seront augmentés de moitié.

La compagnie ne pourra être contrainte à transporter les masses pesant plus de cinq mille kilogrammes (5,000 k.).

Si, nonobstant la disposition qui précède, la compagnie transporte des masses indivisibles pesant plus de cinq mille kilogrammes, elle devra, pendant trois mois au moins, accorder les mêmes facilités à tous ceux qui en feraient la demande.

Dans ce cas, les prix de transport seront fixés par l'administration, sur la proposition de la compagnie.

47. Les prix de transport déterminés au tarif ne sont point applicables :

1° Aux denrées et objets qui ne sont pas nommément énoncés dans le tarif, et qui ne pèseraient pas deux cents kilogrammes sous le volume d'un mètre cube;

2° Aux matières inflammables ou explosibles, aux animaux et objets dangereux pour lesquels des règlements de police prescriraient des précautions spéciales;

3° Aux animaux dont la valeur déclarée excéderait cinq mille francs;

4° A l'or et à l'argent, soit en lingots, soit monnayés ou travaillés, au plaqué d'or ou d'argent, au mercure et au platine, ainsi qu'aux bijoux, dentelles, pierres précieuses, objets d'art et autres valeurs;

5° Et, en général, à tous paquets, colis ou excédants de bagages, pesant isolément quarante kilogrammes et au-dessous.

Toutefois, les prix de transport déterminés au tarif sont applicables à tous paquets ou colis, quoique emballés à part, s'ils font partie d'envois pesant ensemble plus de quarante kilogrammes d'objets envoyés par une même personne à une même personne. Il en sera de même pour les excédants de bagages qui pèseraient ensemble ou isolément plus de quarante kilogrammes.

Le bénéfice de la disposition énoncée dans le paragraphe précédent, en ce qui concerne les paquets et colis, ne peut être invoqué par les entrepreneurs de messageries et de roulages et autres intermédiaires de transport, à moins que les articles par eux envoyés ne soient réunis en un seul colis.

Dans les cinq cas ci-dessus spécifiés, les prix de transport seront arrêtés annuellement par l'administration, tant pour la grande que pour la petite vitesse, sur la proposition de la compagnie.

En ce qui concerne les paquets ou colis mentionnés au paragraphe 5 ci-dessus, les prix de transport devront être calculés de telle manière qu'en aucun cas un de ces paquets ou colis ne puisse payer un prix plus élevé qu'un article de même nature pesant plus de quarante kilogrammes.

48. Dans le cas où la compagnie jugerait convenable, soit pour le parcours total, soit pour les parcours partiels de la voie de fer, d'abaisser, avec ou sans conditions, au-dessous des limites déterminées par le tarif, les taxes qu'elle est autorisée à percevoir, les taxes abaissées ne pourront être relevées qu'après un délai de trois mois au moins pour les voyageurs, et d'un an pour les marchandises.

Toute modification de tarif proposée par la compagnie sera annoncée un mois d'avance par des affiches.

La perception des tarifs modifiés ne pourra avoir lieu qu'avec l'homologation de l'administration supérieure, conformément aux dispositions de l'ordonnance du 15 novembre 1846.

La perception des taxes devra se faire indistinctement et sans aucune faveur.

Tout traité particulier qui aurait pour effet d'accorder à un ou plusieurs expéditeurs une réduction sur les tarifs approuvés demeure formellement interdit.

Toutefois, cette disposition n'est pas applicable aux traités qui pourraient intervenir entre le Gouvernement et la compagnie dans l'intérêt des services publics, ni aux réductions ou remises qui seraient accordées par la compagnie aux indigents.

En cas d'abaissement des tarifs, la réduction portera proportionnellement sur le péage et sur le transport.

49. La compagnie sera tenue d'effectuer constamment avec soin, exactitude et célérité, et sans tour de faveur, le transport des voyageurs, bestiaux, denrées, marchandises et objets quelconques qui lui seront confiés.

Les colis, bestiaux et objets quelconques seront inscrits, à la gare d'où ils partent et à la gare où ils arrivent, sur des registres speciaux au fur et à mesure de leur réception ; mention sera faite, sur les registres de la gare de départ, du prix total dû pour leur transport.

Pour les marchandises ayant une même destination, les expéditions auront lieu suivant l'ordre de leur inscription à la gare de départ.

Toute expédition de marchandise sera constatée, si l'expéditeur le demande, par une lettre de voiture dont un exemplaire restera aux mains de la compagnie et l'autre aux mains de l'expéditeur. Dans le cas où l'expéditeur ne demanderait pas de lettre de voiture, la compagnie sera tenue de lui délivrer un récépissé qui énoncera la nature et le poids du colis, le prix total du transport, et le délai dans lequel ce transport devra être effectué.

50. Les animaux, denrées, marchandises et objets quelconques, seront expédiés et livrés de gare en gare, dans les délais résultant des conditions ci-après exprimées :

1° Les animaux, denrées, marchandises et objets quelconques, à grande vitesse, seront expédiés par le premier train des voyageurs comprenant des voitures de toutes classes, et correspondant avec leur destination, pourvu qu'ils aient été présentés à l'enregistrement trois heures avant le départ de ce train.

Ils seront mis à la disposition des destinataires, à la gare, dans le délai de deux heures après l'arrivée du même train.

2° Les animaux, denrées, marchandises et objets quelconques, à petite vitesse, seront expédiés dans le jour qui suivra celui de la remise ; toutefois, l'administration supérieure pourra étendre ce délai à deux jours.

Le maximum de durée du trajet sera fixé par l'administration, sur la proposition de la compagnie, sans que ce maximum puisse excéder vingt-quatre heures par fraction indivisible de cent vingt-cinq kilomètres.

Les colis seront, dans tous les cas, mis à la disposition des destinataires dans le jour qui suivra celui de leur arrivée en gare.

Le délai total résultant des trois paragraphes ci-dessus sera seul obligatoire pour la compagnie.

Il pourra être établi un tarif réduit approuvé par le ministre, pour tout expéditeur qui acceptera des délais plus longs que ceux déterminés ci-dessus pour la petite vitesse.

Pour le transport des marchandises il pourra être établi, sur la proposition de la compagnie, un délai moyen entre ceux de la grande et de la petite vitesse. Le prix correspondant à ce délai sera un prix intermédiaire entre ceux de la grande et de la petite vitesse.

L'administration supérieure déterminera, par des règlements spéciaux, les heures d'ouverture et de fermeture des gares et stations, tant en hiver qu'en été, ainsi que les dispositions relatives aux denrées apportées par les trains de nuit et destinées à l'approvisionnement des marchés des villes.

Lorsque la marchandise devra passer d'une ligne sur une autre sans solution de continuité, les délais de livraison et d'expédition au point de jonction seront fixés par l'administration, sur la proposition de la compagnie.

51. Les frais accessoires non mentionnés dans les tarifs, tels que ceux d'enregistrement, de chargement, de déchargement et de magasinage dans les gares et magasins du chemin de fer, seront fixés annuellement par l'administration, sur la proposition de la compagnie.

52. La compagnie sera tenue de faire, soit par elle-même, soit par un intermédiaire dont elle répondra, le factage et le camionnage pour la remise, au domicile des destinataires, de toutes les marchandises qui lui sont confiées.

Le factage et le camionnage ne seront point obligatoires en dehors du rayon de l'octroi, non plus que pour les gares qui desserviraient, soit une population agglomérée de moins de cinq mille habitants, soit un centre de population de cinq mille habitants situé à plus de cinq kilomètres de la gare du chemin de fer.

Les tarifs à percevoir seront fixés par l'administration, sur la proposition de la compagnie. Ils seront applicables à tout le monde sans distinction.

Toutefois, les expéditeurs et destinataires resteront libres de faire eux-mêmes et à leurs frais le factage et le camionnage des marchandises.

53. A moins d'une autorisation spéciale de l'administration, il est interdit à la compagnie, conformément à l'article 14 de la loi du 15 juillet 1845, de faire directement ou indirectement, avec des entreprises de transport de voyageurs ou de marchandises par terre ou par eau, sous quelque dénomination ou forme que ce puisse être, des arrangements qui ne seraient pas consentis en faveur de toutes les entreprises desservant les mêmes voies de communication.

L'administration, agissant en vertu de l'article 33 ci-dessus, prescrira les mesures à prendre pour assurer la plus complète égalité entre les diverses entreprises de transport dans leurs rapports avec le chemin de fer.

TITRE V.

STIPULATIONS RELATIVES A DIVERS SERVICES PUBLICS.

54. Les militaires ou marins voyageant en corps, aussi bien que les militaires ou marins voyageant isolément pour cause de service, en-

voyés en congé limité ou en permission, ou rentrant dans leurs foyers après libération, ne seront assujettis, eux, leurs chevaux et leurs bagages, qu'au quart de la taxe du tarif fixé par le présent cahier des charges.

Si le Gouvernement avait besoin de diriger des troupes et un matériel militaire ou naval sur l'un des points desservis par le chemin de fer, la compagnie serait tenue de mettre immédiatement à sa disposition, pour la moitié de la taxe du même tarif, tous ses moyens de transport.

55. Les fonctionnaires et agents chargés de l'inspection, du contrôle et de la surveillance du chemin de fer, seront transportés gratuitement dans les voitures de la compagnie.

La même faculté est accordée aux agents des contributions indirectes et des douanes chargés de la surveillance des chemins de fer dans l'intérêt de la perception de l'impôt.

56. Le service des lettres et dépêches sera fait comme il suit :

1° A chacun des trains de voyageurs et de marchandises circulant aux heures ordinaires de l'exploitation, la compagnie sera tenue de réserver gratuitement deux compartiments spéciaux d'une voiture de deuxième classe, ou un espace équivalent, pour recevoir les lettres, les dépêches et les agents nécessaires au service des postes, le surplus de la voiture restant à la disposition de la compagnie.

2° Si le volume des dépêches ou la nature du service rend insuffisante la capacité de deux compartiments à deux banquettes, de sorte qu'il y ait lieu de substituer une voiture spéciale aux wagons ordinaires, le transport de cette voiture sera également gratuit.

Lorsque la compagnie voudra changer les heures de départ de ses convois ordinaires, elle sera tenue d'en avertir l'administration des postes quinze jours à l'avance.

3° Un train spécial régulier, dit *train journalier de la poste*, sera mis gratuitement chaque jour, à l'aller et au retour, à la disposition du ministre des finances, pour le transport des dépêches sur toute l'étendue de la ligne.

4° L'étendue du parcours, les heures de départ et d'arrivée, soit de jour, soit de nuit, la marche et les stationnements de ce convoi, sont réglés par le ministre de l'agriculture, du commerce et des travaux publics, et le ministre des finances, la compagnie entendue.

5° Indépendamment de ce train, il pourra y avoir tous les jours, à l'aller et au retour, un ou plusieurs convois spéciaux, dont la marche sera réglée comme il est dit ci-dessus. La rétribution payée à la compagnie pour chaque convoi ne pourra excéder soixante et quinze centimes par kilomètre parcouru pour la première voiture, et vingt-cinq centimes pour chaque voiture en sus de la première.

6° La compagnie pourra placer dans les convois spéciaux de la poste des voitures de toutes classes, pour le transport, à son profit, des voyageurs et des marchandises.

7° La compagnie ne pourra être tenue d'établir des convois spéciaux ou de changer les heures de départ, la marche ou le stationnement de ces convois, qu'autant que l'administration l'aura prévenue, par écrit, quinze jours à l'avance.

8° Néanmoins, toutes les fois qu'en dehors des services réguliers l'administration requerra l'expédition d'un convoi extraordinaire, soit de jour, soit de nuit, cette expédition devra être faite immédiatement, sauf l'observation des règlements de police. Le prix sera ultérieurement réglé de gré à gré ou à dire d'experts, entre l'administration et la compagnie.

9° L'administration des postes fera construire à ses frais les voitures qu'il pourra être nécessaire d'affecter spécialement au transport et à la manutention des dépêches. Elle réglera la forme et les dimensions de ces voitures, sauf l'approbation, par le ministre de l'agriculture, du commerce et des travaux publics, des dispositions qui intéressent la régularité et la sécurité de la circulation. Elles seront montées sur châssis et sur roues. Leur poids ne dépassera pas huit mille kilogrammes, chargement compris. L'administration des postes fera entretenir à ses frais ses voitures spéciales ; toutefois, l'entretien des châssis et des roues sera à la charge de la compagnie.

10° La compagnie ne pourra réclamer aucune augmentation des prix ci-dessus indiqués, lorsqu'il sera nécessaire d'employer des plates-formes au transport des malles-postes ou des voitures spéciales en réparation.

11° La vitesse moyenne des convois spéciaux mis à la disposition de l'administration des postes ne pourra être moindre de quarante kilomètres à l'heure, temps d'arrêt compris ; l'administration pourra consentir une vitesse moindre, soit à raison des pentes, soit à raison des courbes à parcourir, ou bien exiger une plus grande vitesse, dans le cas où la compagnie obtiendrait plus tard, dans la marche de son service, une vitesse supérieure.

12° La compagnie sera tenue de transporter gratuitement, par tous les convois de voyageurs, tout agent des postes chargé d'une mission ou d'un service accidentel et porteur d'un ordre de service régulier, délivré à Paris par le directeur général des postes. Il sera accordé à l'agent des postes en mission une place de voiture de deuxième classe ou de première classe, si le convoi ne comporte pas de voitures de deuxième classe.

13° La compagnie sera tenue de fournir à chacun des points extrêmes de la ligne, ainsi qu'aux principales stations intermédiaires qui seront désignées par l'administration des postes, un emplacement sur lequel l'administration pourra faire construire des bureaux de poste ou d'entrepôts des dépêches et des hangars pour le chargement et le déchargement des malles-postes. Les dimensions de cet emplacement seront au maximum de soixante-quatre mètres carrés dans les gares des départements, et du double à Paris.

14° La valeur locative du terrain ainsi fourni par la compagnie lui sera payée de gré à gré ou à dire d'experts.

15° La position sera choisie de manière que les bâtiments qui y seront construits aux frais de l'administration des postes ne puissent entraver en rien le service de la compagnie.

16° L'administration se réserve le droit d'établir à ses frais, sans indemnité, mais aussi sans responsabilité pour la compagnie, tous poteaux ou appareils nécessaires à l'échange des dépêches sans arrêt de train, à la condition que ces appareils, par leur nature ou leur position, n'apportent pas d'entraves aux différents services de la ligne ou des stations.

17° Les employés chargés de la surveillance du service, les agents préposés à l'échange ou à l'entrepôt des dépêches, auront accès dans les gares ou stations pour l'exécution de leur service, en se conformant aux règlements de police intérieure de la compagnie.

57. La compagnie sera tenue, à toute réquisition, de faire partir par

convoi ordinaire, les wagons ou voitures cellulaires employés au transport des prévenus, accusés ou condamnés.

Les wagons et les voitures employés au service dont il s'agit seront construits aux frais de l'Etat ou des départements; leurs formes et dimensions seront déterminées de concert par le ministre de l'intérieur et par le ministre de l'agriculture, du commerce et des travaux publics, la compagnie entendue.

Les employés de l'administration, les gardiens et les prisonniers placés dans les wagons ou voitures cellulaires ne seront assujettis qu'à la moitié de la taxe applicable aux places de troisième classe, telle qu'elle est fixée par le présent cahier des charges.

Les gendarmes placés dans les mêmes voitures ne payeront que le quart de la même taxe.

Le transport des wagons et des voitures sera gratuit.

Dans le cas où l'administration voudrait, pour le transport des prisonniers, faire usage des voitures de la compagnie, celle-ci serait tenue de mettre à sa disposition un ou plusieurs compartiments spéciaux de voitures de deuxième classe à deux banquettes. Le prix de location en sera fixé à raison de vingt centimes (0f,20c) par compartiment et par kilomètre.

Les dispositions qui précèdent seront applicables au transport des jeunes délinquants recueillis par l'administration pour être transférés dans des établissements d'éducation.

58. Le Gouvernement se réserve la faculté de faire, le long des voies, toutes les constructions, de poser tous les appareils nécessaires à l'établissement d'une ligne télégraphique, sans nuire au service du chemin de fer.

Sur la demande de l'administration des lignes télégraphiques, il sera réservé, dans les gares des villes et des localités qui seront désignées ultérieurement, le terrain nécessaire à l'établissement des maisonnettes destinées à recevoir le bureau télégraphique et son matériel.

La compagnie concessionnaire sera tenue de faire garder par ses agents les fils et les appareils des lignes électriques, de donner aux employés télégraphiques connaissance de tous les accidents qui pourraient survenir, et de leur en faire connaître les causes. En cas de rupture du fil télégraphique, les employés de la compagnie auront à raccrocher provisoirement les bouts séparés, d'après les instructions qui leur seront données à cet effet.

Les agents de la télégraphie voyageant pour le service de la ligne électrique auront le droit de circuler gratuitement dans les voitures du chemin de fer.

En cas de rupture du fil télégraphique ou d'accidents graves, une locomotive sera mise immédiatement à la disposition de l'inspecteur télégraphique de la ligne pour le transporter sur le lieu de l'accident avec les hommes et les matériaux nécessaires à la réparation. Ce transport sera gratuit, et il devra être effectué dans des conditions telles qu'il ne puisse entraver en rien la circulation publique.

Dans le cas où des déplacements de fils, appareils ou poteaux, deviendraient nécessaires par suite de travaux exécutés sur le chemin, ces déplacements auraient lieu, aux frais de la compagnie, par les soins de l'administration des lignes télégraphiques.

La compagnie pourra être autorisée et au besoin requise par le ministre de l'agriculture, du commerce et des travaux publics, agissant de concert avec le ministre de l'intérieur, d'établir à ses frais les fils et appareils télégraphiques destinés à transmettre les signaux nécessaires pour la sûreté et la régularité de son exploitation.

Elle pourra, avec l'autorisation du ministre de l'intérieur, se servir des poteaux de la ligne télégraphique de l'Etat, lorsqu'une semblable ligne existera le long de la voie.

La compagnie sera tenue de se soumettre à tous les règlements d'administration publique concernant l'établissement et l'emploi de ces appareils, ainsi que l'organisation, aux frais de la compagnie, du contrôle de ce service par les agents de l'Etat.

TITRE VI.

CLAUSES DIVERSES.

59. Dans le cas où le Gouvernement ordonnerait ou autoriserait la construction de routes impériales, départementales ou vicinales, de chemins de fer ou de canaux qui traverseraient la ligne objet de la présente concession, la compagnie ne pourra s'opposer à ces travaux; mais toutes les dispositions nécessaires seront prises pour qu'il n'en résulte aucun obstacle à la construction ou au service du chemin de fer, ni aucuns frais pour la compagnie.

60. Toute exécution ou autorisation ultérieure de route, de canal, de chemin de fer, de travaux de navigation, dans la contrée où est situé le chemin de fer objet de la présente concession, ou dans toute autre contrée voisine ou éloignée, ne pourra donner ouverture à aucune demande d'indemnité de la part de la compagnie.

61. Le Gouvernement se réserve expressément le droit d'accorder de nouvelles concessions de chemins de fer s'embranchant sur le chemin qui fait l'objet du présent cahier de charges, ou qui seraient établis en prolongement du même chemin.

La compagnie ne pourra mettre aucun obstacle à ces embranchements, ni réclamer, à l'occasion de leur établissement, aucune indemnité quelconque, pourvu qu'il n'en résulte aucun obstacle à la circulation ni aucuns frais particuliers pour la compagnie.

Les compagnies concessionnaires de chemins de fer d'embranchement ou de prolongement auront la faculté, moyennant les tarifs ci-dessus déterminés et l'observation des règlements de police et de service établis ou à établir, de faire circuler leurs voitures, wagons et machines, sur les chemins de fer objet de la présente concession, pour lesquels cette faculté sera réciproque à l'égard desdits embranchements et prolongements.

Dans le cas où les diverses compagnies ne pourraient s'entendre entre elles sur l'exercice de cette faculté, le Gouvernement statuerait sur les difficultés qui s'élèveraient entre elles à cet égard.

Dans le cas où une compagnie d'embranchement ou de prolongement joignant les lignes qui font l'objet de la présente concession n'userait pas de la faculté de circuler sur ces lignes, comme aussi dans le cas où la compagnie concessionnaire de ces dernières lignes ne voudrait pas circuler sur les prolongements et embranchements, les compagnies seraient tenues de s'arranger entre elles, de manière que le service de transport ne soit jamais interrompu aux points de jonction des diverses lignes.

Celle des compagnies qui sera dans le cas de se servir d'un matériel qui ne sera pas sa propriété payera une indemnité en rapport avec l'usage et la détérioration de ce matériel. Dans le cas où les compagnies ne se mettraient pas d'accord sur la quotité de l'indemnité ou sur les moyens d'assurer la continuation du service sur toute la ligne, le Gouvernement y pourvoirait d'office et prescrirait toutes les mesures nécessaires.

La compagnie pourra être assujettie, par les décrets qui seront ultérieurement rendus pour l'exploitation des chemins de fer de prolongement ou d'embranchement joignant celui qui lui est concédé, à accorder aux compagnies de ces chemins une réduction de péage ainsi calculée :

1° Si le prolongement ou l'embranchement n'a pas plus de cent kilomètres, dix pour cent (10 p. 0/0) du prix perçu par la compagnie ;

2° Si le prolongement ou l'embranchement excède cent kilomètres, quinze pour cent (15 p. 0/0) ;

3° Si le prolongement ou l'embranchement excède deux cents kilomètres, vingt pour cent (20 p. 0/0) ;

4° Si le prolongement ou l'embranchement excède trois cents kilomètres, vingt-cinq pour cent (25 p. 0/0).

62. La compagnie sera tenue de s'entendre avec tout propriétaire de mines ou d'usines qui, offrant de se soumettre aux conditions prescrites, demanderait un embranchement ; à défaut d'accord, le Gouvernement statuera sur la demande, la compagnie entendue.

Les embranchements seront construits aux frais des propriétaires de mines et d'usines, et de manière à ce qu'il ne résulte de leur établissement aucune entrave à la circulation générale, aucune cause d'avarie pour le matériel, ni aucuns frais particuliers pour la compagnie.

Leur entretien devra être fait avec soin aux frais de leurs propriétaires et sous le contrôle de l'administration. La compagnie aura le droit de faire surveiller par ses agents cet entretien ainsi que l'emploi de son matériel sur les embranchements.

L'administration pourra, à toutes époques, prescrire les modifications qui seraient jugées utiles dans la soudure, le tracé ou l'établissement de la voie desdits embranchements, et les changements seront opérés aux frais des propriétaires.

L'administration pourra même, après avoir entendu les propriétaires, ordonner l'enlèvement temporaire des aiguilles de soudure, dans le cas où les établissements embranchés viendraient à suspendre en tout ou en partie leurs transports.

La compagnie sera tenue d'envoyer ses wagons sur tous les embranchements autorisés, destinés à faire communiquer des établissements de mines ou d'usines avec la ligne principale du chemin de fer.

La compagnie amènera ses wagons à l'entrée des embranchements.

Les expéditeurs ou destinataires feront conduire les wagons dans leurs établissements pour les charger ou décharger, et les ramèneront au point de jonction avec la ligne principale, le tout à leurs frais. Les wagons ne pourront, d'ailleurs, être employés qu'au transport d'objets et marchandises destinés à la ligne principale du chemin de fer.

Le temps pendant lequel les wagons séjourneront sur les embranchements particuliers ne pourra excéder six heures lorsque l'embranchement n'aura pas plus d'un kilomètre. Le temps sera augmenté d'une demi-heure par kilomètre en sus du premier, non compris les heures de la nuit, depuis le coucher jusqu'au lever du soleil.

Dans le cas où les limites de temps seraient dépassées nonobstant l'avertissement spécial donné par la compagnie, elle pourra exiger une indemnité égale à la valeur du droit du loyer des wagons, pour chaque période de retard après l'avertissement.

Les traitements des gardiens d'aiguille et des barrières des embranchements autorisés par l'administration seront à la charge des propriétaires des embranchements. Ces gardiens seront nommés et payés par la compagnie, et les frais qui en résulteront lui seront remboursés par lesdits propriétaires.

En cas de difficulté, il sera statué par l'administration, la compagnie entendue.

Les propriétaires d'embranchements seront responsables des avaries que le matériel pourrait éprouver pendant son parcours ou son séjour sur ces lignes.

Dans le cas d'inexécution d'une ou de plusieurs des conditions énoncées ci-dessus, le préfet pourra, sur la plainte de la compagnie et après avoir entendu le propriétaire de l'embranchement, ordonner par un arrêté la suspension du service et faire supprimer la soudure, sauf recours à l'administration supérieure et sans préjudice de tous les dommages-intérêts que la compagnie serait en droit de répéter pour la non-exécution de ces conditions.

Pour indemniser la compagnie de la fourniture et l'envoi de son matériel sur les embranchements, elle est autorisée à percevoir un prix fixe de douze centimes ($0^f,12^c$) par tonne pour le premier kilomètre, et, en outre, quatre centimes par tonne ($0^f,04^c$) et par kilomètre en sus du premier, lorsque la longueur de l'embranchement excédera un kilomètre.

Tout kilomètre entamé sera payé comme s'il avait été parcouru en entier.

Le chargement et le déchargement sur les embranchements s'opéreront aux frais des expéditeurs ou destinataires, soit qu'ils les fassent eux-mêmes, soit que la compagnie du chemin de fer consente à les opérer.

Dans ce dernier cas, ces frais feront l'objet d'un règlement arrêté par l'administration supérieure, sur la proposition de la compagnie.

Tout wagon envoyé par la compagnie sur un embranchement devra être payé comme wagon complet, lors même qu'il ne serait pas complétement chargé.

La surcharge, s'il y en a, sera payée, au prix du tarif légal et au prorata du poids réel. La compagnie sera en droit de refuser les chargements qui dépasseraient le maximum de trois mille cinq cents kilogrammes déterminé en raison des dimensions actuelles des wagons. Le maximum sera revisé par l'administration, de manière à être toujours en rapport avec la capacité des wagons.

Les wagons seront pesés à la station d'arrivée par les soins et aux frais de la compagnie.

63. La contribution foncière sera établie en raison de la surface des terrains occupés par le chemin de fer et ses dépendances; la cote en sera calculée, comme pour les canaux, conformément à la loi du 25 avril 1803.

Les bâtiments et magasins dépendants de l'exploitation du chemin de fer seront assimilés aux propriétés bâties de la localité. Toutes les contributions auxquelles ces édifices pourront être soumis seront, aussi bien que la contribution foncière, à la charge de la compagnie.

64. Les agents et gardes que la compagnie établira, soit pour la perception des droits, soit pour la surveillance et la police du chemin de fer et de ses dépendances, pourront être assermentés et seront, dans le cas, assimilés aux gardes champêtres.

65. Un règlement d'administration publique désignera, la compagnie entendue, les emplois dont la moitié devra être réservée aux anciens militaires de l'armée de terre et de mer libérés du service.

66. Il sera institué près de la compagnie un ou plusieurs inspecteurs ou commissaires, spécialement chargés de surveiller les opérations de la compagnie, pour tout ce qui ne rentre pas dans les attributions des ingénieurs de l'Etat.

67. Les frais de visite, de surveillance et de réception des travaux et les frais de contrôle de l'exploitation seront supportés par la compagnie. Ces frais comprendront le traitement des inspecteurs ou commissaires dont il a été question dans l'article précédent.

Afin de pourvoir à ces frais, la compagnie sera tenue de verser chaque année à la caisse centrale du trésor public une somme de cent vingt francs par chaque kilomètre de chemin de fer concédé. Toutefois, cette somme sera réduite à cinquante francs par kilomètre pour les sections non encore livrées à l'exploitation.

Dans lesdites sommes n'est pas comprise celle qui sera déterminée en exécution de l'article 58 ci-dessus, pour frais de contrôle du service télégraphique de la compagnie par les agents de l'Etat.

Si la compagnie ne verse pas les sommes ci-dessus réglées aux époques qui auront été fixées, le préfet rendra un rôle exécutoire, et le montant en sera recouvré comme en matière de contributions publiques.

68. La compagnie devra faire élection de domicile à Paris.

Dans le cas où elle ne l'aurait pas fait, toute notification ou signification à elle adressée sera valable lorsqu'elle sera faite au secrétariat général de la préfecture de la Seine.

69. Les contestations qui s'élèveraient entre la compagnie et l'administration au sujet de l'exécution et de l'interprétation des clauses du présent cahier des charges, seront jugées administrativement par le conseil de préfecture du département de la Seine, sauf recours au conseil d'État.

70. Le présent cahier des charges et la convention du 1er août 1857 ne seront passibles que du droit fixe d'un franc.

Arrêté à Paris le 1er août 1857.

Le Ministre de l'agriculture, du commerce et des travaux publics,

Signé E. Rouher.

BULLETIN DES LOIS.

N° 544.

N° 4995. — *Décret impérial qui approuve la Convention passée le 1er août 1857, et portant concession, pour moitié, à la Compagnie du Chemin de fer de Paris à Orléans, d'un raccordement, à Bordeaux, de la ligne de Paris à Bordeaux avec le Chemin de fer du Midi.*

Du 1er Août 1857.

NAPOLÉON, par la grâce de Dieu et la volonté nationale, EMPEREUR DES FRANÇAIS, à tous présents et à venir, SALUT :

Sur le rapport de notre ministre secrétaire d'Etat au département de l'agriculture, du commerce et des travaux publics;

Vu la loi du 11 juin 1842, relative au classement de grandes lignes de chemin de fer, et notamment d'une ligne de Paris sur la frontière d'Espagne, par Tours, Poitiers, Angoulême, Bordeaux et Bayonne ;

Vu la convention du 1er août 1857, portant concession, pour moitié, à la compagnie du chemin de fer du Midi, d'un raccordement à Bordeaux avec ledit chemin de fer, ensemble, notre décret du 1er août 1857, approbatif de la convention ci-dessus visée ;

Vu l'avant-projet du raccordement susénoncé, et l'avis du conseil général des ponts et chaussées du 11 mai 1857 ;

Vu le sénatus-consulte du 25 décembre 1852, art. 4 ;

Vu la loi du 3 mai 1841, sur l'expropriation pour cause d'utilité publique ;

Vu la convention provisoire, passée le 1er août 1857, entre notre ministre de l'agriculture, du commerce et des travaux publics, et la compagnie du chemin de fer d'Orléans ;

Notre conseil d'Etat entendu,

Avons décrété et décrétons ce qui suit :

Art. 1er. Est approuvée la convention provisoire passée, le 1er août 1857, entre notre ministre de l'agriculture, du commerce et des travaux publics, et la compagnie d'Orléans, ladite convention portant concession, pour moitié, à cette compagnie, d'un raccordement, à Bordeaux, de la ligne de Paris à Bordeaux, avec le chemin de fer du Midi.

La Convention ci-dessus mentionnée restera annexée au présent décret.

2. Notre ministre secrétaire d'Etat au département de l'agriculture, du commerce et des travaux publics, est chargé de l'exécution du présent décret, qui sera inséré au *Bulletin des lois.*

Fait au palais de Saint-Cloud, le 1er août 1857.

Signé NAPOLÉON.

Par l'Empereur :

Le Ministre secrétaire d'Etat au département de l'agriculture, du commerce et des travaux publics,

Signé E. Rouher.

Convention entre le Ministre des Travaux publics et la Compagnie du Chemin de fer de Paris à Orléans.

L'an 1857 et le 1er août,

Entre le ministre de l'agriculture, du commerce et des travaux publics, agissant au nom de l'Etat, et sous la réserve de l'approbation des présentes par décret de l'Empereur,

D'une part ;

Et la société anonyme établie à Paris sous le nom de *Compagnie du chemin de fer de Paris à Orléans*, ladite compagnie représentée par M. *Jean-François Bartholony*, président du conseil d'administration de cette compagnie, élisant domicile au siége de ladite société, à Paris, et agissant en vertu des pouvoirs qui lui ont été conférés par délibération dudit conseil d'administration, en date du 11 avril 1857, conformément à la délibération de l'assemblée générale des actionnaires, du 30 mars 1857,

D'autre part ;

Il a été dit et convenu ce qui suit :

Art. 1er. Le ministre de l'agriculture, du commerce et des travaux publics au nom de l'Etat, concède, pour moitié, sans subvention ni garantie d'intérêt, à la compagnie du chemin de fer de Paris à Orléans, qui l'accepte, un raccordement, à Bordeaux, du chemin de fer de Paris à Bordeaux avec le chemin de fer du Midi, ledit raccordement étant concédé pour l'autre moitié à la compagnie des chemins de fer du Midi et du canal latéral à la Garonne.

En conséquence, la dépense de construction sera supportée et les produits seront partagés par moitié entre lesdites deux compagnies. Les travaux dudit raccordement devront être terminés dans un délai de deux ans à partir du décret qui approuvera la présente convention.

Les compagnies sont autorisées à percevoir pour le passage sur le pont de la Garonne, en sus du parcours réel, la taxe d'un kilomètre pour chaque somme de trois cent mille francs (300 000 fr.) employée à la construction de ce pont, sans que, dans aucun cas, le nombre de kilomètres auquel s'appliquera cette taxe puisse être supérieur à cinq.

Les conditions de la construction et de l'exploitation du raccordement mentionné au présent article seront réglées de concert entre les deux compagnies, et, en cas de désaccord, par le ministre de l'agriculture, du commerce et des travaux publics.

2. La concession mentionnée à l'article qui précède est rattachée au réseau de la compagnie d'Orléans, tel qu'il est constitué par la convention du 11 avril 1857, et elle sera soumise, tant activement que passivement, à toutes les clauses et conditions qui régissent ce réseau.

3. La présente Convention ne sera passible que du droit fixe de un franc.

Fait à Paris, les jour, mois et an que dessus.

Le Ministre de l'agriculture, du commerce et des travaux publics,
Signé E. Rouher.

Pour M. *F. Bartholony*, et par autorisation du conseil d'administration,
Le Directeur de la compagnie d'Orléans,
Signé *C. Didion.*

Enregistré à Paris, le 11 septembre 1857, folio 163 verso, case 66. Reçu deux francs quarante centimes pour droit et double droit. Signé *Badereau.*

BULLETIN DES LOIS.

N° 544.

N° 4996. — *Décret impérial qui déclare d'utilité publique l'établissement de Routes agricoles dans les départements de la Gironde et des Landes.*

Du 1er Août 1857.

NAPOLÉON, par la grâce de Dieu et la volonté nationale, EMPEREUR DES FRANÇAIS, à tous présents et à venir, SALUT.

Sur le rapport de notre ministre secrétaire d'Etat au département de l'agriculture, du commerce et des travaux publics;

Vu les avant-projets des routes agricoles à exécuter dans les départements de la Gironde et des Landes ;

Vu les pièces de l'enquête sur ces avant-projets, et notamment les procès-verbaux des commissions d'enquête, en date des 7 et 18 mai 1855 ;

Vu les avis du conseil général des ponts et chaussées, en date des 5 mars 1855, 18 février 1856 et 13 juillet 1857 ;

Vu le sénatus-consulte du 25 décembre 1852, art. 4 ;

Vu la loi du 3 mai 1841, sur l'expropriation pour cause d'utilité publique, et le décret du 18 février 1834 (1), sur la forme des enquêtes ;

Vu la loi du 19 juin 1857, sur l'assainissement et la mise en culture des landes de Gascogne;

Vu la convention provisoire passée, le 1er août 1857, entre notre ministre de l'agriculture, du commerce et des travaux publics, et la compagnie des chemins de fer du Midi et du canal latéral à la Garonne, ensemble, les cahiers des charges annexés à ladite convention ;

Notre conseil d'Etat entendu,

(1) IXe série, 2e partie, 1re section, *Bull.* 286, n° 5212.

Avons décrété et décrétons ce qui suit :

Art. 1er. Est déclaré d'utilité publique l'établissement dans les départements de la Gironde et des Landes, sur un développement total de cinq cents kilomètres (500k) environ, des routes agricoles ci-après :

GIRONDE.

De la station de Pierroton à Martignas,
— de Pierroton à Saucats,
— de Marcheprime à Saumos,
— de Marcheprime à Hostens,
— de Facture à Arès,
— de Facture à Béliet,
— de la Hume à Sanguinet,
— de Caudos à Sanguinet,
— de Caudos à Salles,
— de Salles à Belin.

LANDES.

De la station de Ichoux à Biscarosse,
— de Ichoux à Sore,
— de Labouheyre à Sainte-Eulalie, avec embranchement de Pontenx à Mimizan,
— de Labouheyre à Trensacq,
— de Sabres à Escource,
— de Sabres à Labrit,
— de Morcens à Mimizan, avec embranchement d'Onesse à Mézos,
— de Rion à Saint-Julien-en-Born, avec embranchement d'Uza à Lit,
— de Rion à Tartas,
— de la Luque à Saint-Girons,
— de la Luque à Pontonx,
— de Dax à Castets.

2. Est approuvée la convention provisoire passée, le 1er août 1857, entre notre ministre de l'agriculture, du commerce et des travaux publics, et la compagnie des chemins de fer du Midi et du canal latéral à la Garonne; ladite convention ayant pour objet l'exécution des routes agricoles désignées à l'article qui précède, moyennant une somme fixée à forfait à quatre millions de francs (4,000,000f) et imputable, jusqu'à due concurrence, sur la somme de vingt-quatre millions à verser au trésor par les compagnies d'Orléans et de Paris à Lyon et à la Méditerranée, conformément aux articles 12 et 10 des conventions du 11 avril 1857, approuvées par nos décrets et ratifiées par les lois du 19 juin 1857 (1).

(1) *Bull.* 522, n° 4794 à 4797.

Ladite convention et les deux cahiers des charges qui y sont joints seront annexés au présent décret.

3. Notre ministre de l'agriculture, du commerce et des travaux publics est chargé de l'exécution du présent décret, lequel sera inséré au *Bulletin des lois.*

Fait au palais de Saint-Cloud, le 1er août 1857.

Signé NAPOLÉON.

Par l'Empereur :

Le Ministre secrétaire d'Etat au département de l'agriculture, du commerce et des travaux publics,

Signé E. ROUHER.

Convention entre le Ministre de l'agriculture, du commerce et des travaux publics, et la Compagnie des Chemins de fer du Midi et du Canal latéral à la Garonne.

L'an 1857 et le 1er août,

Entre les soussignés :

Le ministre de l'agriculture, du commerce et des travaux publics, agissant au nom de l'État, sous réserve de l'approbation des présentes par décret de l'Empereur,

D'une part;

Et la société anonyme établie à Paris sous la dénomination de *Compagnie des chemins de fer du Midi et du canal latéral à la Garonne*;

Ladite compagnie représentée par M. *Emile Pereire*, président du conseil d'administration, spécialement autorisé par délibération dudit conseil, en date du 20 mars 1855,

Elisant domicile au siége de ladite société à Paris, place Vendôme, n° 15, et agissant en vertu des pouvoirs qui lui ont été donnés par l'assemblée générale des actionnaires en date du 30 mai 1855,

D'autre part;

Il a été dit et convenu ce qui suit :

ART. 1er. La compagnie des chemins de fer du Midi et du canal latéral à la Garonne s'engage à exécuter, moyennant le payement par l'État d'une somme totale de quatre millions de francs (4,000,000 fr.) à prélever jusqu'à due concurrence sur la somme de vingt-quatre millions de francs (24,000,000 fr.), qui doit être versée au trésor par les compagnies d'Orléans et de Paris à Lyon et à la Méditerranée, conformément aux articles 12 et 10 des conventions du 11 avril 1857, approuvées par les décrets et ratifiées par les lois du 19 juin 1857, les routes agricoles à établir dans les départements de la Gironde et des Landes, sur un développement total de cinq cents kilomètres (500 k.) environ ; lesdites routes déterminées ainsi qu'il suit :

GIRONDE.

De la station de Pierroton à Martignas,
— de Pierroton à Saucats,
— de Marcheprime à Saumos,
— de Marcheprime à Hostens,
— de Facture à Arès,
— de Facture à Béliet,
— de la Hume a Sanguinet,
— de Caudos à Sanguinet,
— de Caudos à Salles,
— de Salles à Belin.

LANDES.

De la station de Ichoux à Biscarosse,
— de Ichoux à Sore,
— de Labouheyre à Sainte-Eulalie, avec embranchement de Pontenx à Mimizan,
— de Labouheyre à Trensacq,
— de Sabres à Escource,
— de Sabres à Labrit,
— de Morcens à Mimizan, avec embranchement d'Onesse à Mézos,
— de Rion à Saint-Julien-en-Born, avec embranchement d'Uza à Lit,
— de Rion à Tartas,
— de la Luque à Saint-Girons,
— de la Luque à Pontonx,
— de Dax a Castets.

La compagnie s'engage à terminer les travaux dans un délai de quatre ans à partir du décret qui ratifiera la présente convention.

2. La somme de quatre millions, énoncée à l'article précédent, sera payée par l'Etat en quatre termes égaux d'un million chacun, savoir : un million le 15 février 1858, et les autres termes à la même date des trois années suivantes.

La compagnie devra justifier, avant chaque payement, que le montant de la dépense faite excède d'un quart le chiffre de l'à-compte à payer.

Dans le cas où la compagnie ne serait pas en mesure de recevoir un terme à l'échéance fixée, ce terme pourra être payé partiellement dans le cours de l'exercice auquel il appartient, au fur et à mesure des justifications faites par la compagnie, sans toutefois que chaque payement puisse être inférieur à deux cent mille francs.

3. La compagnie sera soumise, pour l'exécution des travaux énoncés à l'article 1er ci-dessus, aux clauses et conditions du cahier des charges ci-annexé.

4. Les travaux entrepris par l'Etat, antérieurement au décret qui ratifiera la présente convention sur différents points des routes agricoles du département des Landes, seront continués par les entrepreneurs actuels jusqu'à leur entier achèvement. Les comptes de ces travaux seront

définitivement arrêtés par le ministre de l'agriculture, du commerce et des travaux publics.

Les dépenses excédant cent cinquante mille francs (150,000 fr.) seront payées par la compagnie. La somme de cent cinquante mille francs (150,000 fr.) avancée par l'Etat lui sera remboursée par la compagnie le 10 septembre 1857.

5. Le ministre de l'agriculture, du commerce et des travaux publics, au nom de l'Etat, s'engage à concéder à la compagnie, après l'accomplissement des formalités, voulues par les lois et règlements pour constater l'utilité publique, l'autorisation d'établir des chemins à rails de bois ou de fer le long de tout ou partie des routes agricoles énoncées à l'article 1er ci-dessus.

Les conditions de cette autorisation seront réglées par le cahier des charges ci-annexé.

L'engagement énoncé au § 1er du présent article sera considéré comme nul et non avenu, en ce qui concerne les routes pour lesquelles un décret d'autorisation définitive ne sera pas intervenu dans un délai de quatre ans à partir du décret qui ratifiera la présente convention.

6. La présente convention ne sera passible que du droit fixe d'un franc.

Fait à Paris, les jour, mois et an que dessus.

Le Ministre de l'agriculture, du commerce et des travaux publics,

Signé E. Rouher.

Approuvé l'écriture :

Signé *Emile Pereire.*

Enregistré à Paris, le 11 septembre 1857, folio 163 verso, case 7. Reçu deux francs quarante centimes pour droit et double droit.

Signé *Badereau.*

Cahier des charges pour la construction de routes agricoles dans les landes des départements de la Gironde et des Landes.

Art. 1er. La compagnie des chemins de fer du Midi s'engage à exécuter à forfait, moyennant le payement d'une somme fixe de quatre millions (4,000,000 fr.), imputable jusqu'à due concurrence sur la somme de vingt-quatre millions à verser au trésor par les compagnies d'Orléans et de Paris à Lyon et à la Méditerranée, conformément aux articles 12 et 10 des conventions du 11 avril 1857, approuvées par les décrets et ratifiées par les lois du 19 juin 1857, les routes agricoles des landes de Gascogne déterminées ci-après :

DÉPARTEMENT DE LA GIRONDE.

De la station de Pierroton à Martignas,
— de Pierroton à Saucats,
— de Marcheprime à Saumos,
— de Marcheprime à Hostens,
— de Facture à Arès,
— de Facture à Béliet,
— de la Hume à Sanguinet,
— de Caudos à Sanguinet,
— de Caudos à Salles,
— de Salles à Belin.

DÉPARTEMENT DES LANDES.

De la station de Ichoux à Biscarosse,
— de Ichoux à Sore,
— de Labouhère à Sainte-Eulalie, avec embranchement de Pontenx à Mimizan,
— de Labouheyre a Trensacq,
— de Sabres à Escource,
— de Sabres à Labrit,
— de Morcens à Mimizan, avec embranchement d'Onesse à Mézos,
— de Rion à Saint-Julien-en-Born, avec embranchement d'Uza à Lit,
— de Rion a Tartas,
— de la Luque à Saint-Girons,
— de la Luque à Pontonx.
— de Dax à Castets.

2. Ces routes partiront chacune de la gare du chemin de fer à laquelle elle doit se rattacher, et se raccorderont avec ces gares, suivant les dispositions qui seront arrêtées par l'administration, sur les propositions de la compagnie.

3. La compagnie devra soumettre à l'approbation de l'administration supérieure, de deux mois en deux mois, les projets complets et détaillés d'une route au moins.

4. Les routes agricoles auront huit mètres (8^m) de largeur entre les arêtes extérieures des accotements.

La largeur des fossés latéraux sera de un mètre cinquante centimètres, la profondeur de cinquante centimètres, et les talus en seront réglés à quarante cinq degrés, en sorte que la largeur au fond sera de cinquante centimètres. Ces dimensions seront augmentées sur les ordres de l'administration, lorsque les circonstances locales l'exigeront.

Le plafond des fossés sera dressé suivant des déclivités propres à assurer partout l'écoulement des eaux.

Dans les endroits où une rampe succédera à une pente, on pourvoira à l'écoulement au point de rencontre, soit par des fossés transversaux, soit par les autres moyens qui seraient jugés préférables.

Les fossés seront remplacés par des caniveaux pavés, dans les traverses des bourgs et villages.

Les talus des déblais et des remblais auront également une inclinaison de trois de base pour deux de hauteur.

5. La chaussée sera en empierrement.

Elle aura trois mètres ($3^m,00$) de largeur et une épaisseur de vingt centimètres ($0^m,20$) mesurée avant le cylindrage. L'administration se réserve la faculté de porter la largeur de la chaussée à quatre mètres ($4^m,00$), en en réduisant l'épaisseur à quinze centimètres ($0^m,15$).

La compagnie pourra être autorisée, s'il y a lieu, à remplacer sur des parties de route déterminées l'empierrement par du pavé, soit en pierre, soit en bois. Les dispositions de ces chaussées seront soumises à l'approbation de l'administration.

6. La chaussée sera formée de pierre cassée pouvant passer en tous sens par un anneau de six centimètres de diamètre, ou de gravier épuré remplissant la même condition.

L'administration pourra exiger, s'il y a lieu, que cette chaussée soit maintenue latéralement par des bordures en planches de pin.

Avant d'être livrée à la circulation, la chaussée devra être cylindrée au moyen de rouleaux compresseurs, avec l'emploi de matière d'agrégation, suivant les méthodes en usage dans le service des ponts et chaussées. Ce travail sera exécuté de manière à assurer la parfaite liaison des matériaux.

7. Les projets à présenter devront comprendre l'indication et la description précise des ouvrages d'art nécessaires à l'écoulement des eaux.

On y joindra les dessins détaillés de ces ouvrages, et l'on fera connaître la nature et la qualité des matériaux à employer dans leur construction.

8. Les terrains nécessaires pour l'établissement des routes seront livrés à la compagnie par l'administration.

9. L'entreprise étant d'utilité publique, la compagnie est investie de tous les droits que les lois et règlements confèrent à l'administration elle-même pour les travaux de l'État. Elle pourra, en conséquence, se procurer par les mêmes voies les matériaux de remblai et d'empierrement nécessaires à la construction et a l'entretien des routes. Elle jouira, tant pour l'extraction que pour le transport et le dépôt des terres et matériaux, des privilèges accordés par les lois et règlements aux entrepreneurs de travaux publics, à la charge par elle d'indemniser à l'amiable les propriétaires des terrains endommagés, ou, en cas de non-accord, d'après les règlements arrêtés par le conseil de préfecture, sauf pourvoi devant le conseil d'Etat, sans que, dans aucun cas, elle puisse exercer de recours à cet égard contre l'administration.

10. Les indemnités pour occupation temporaire ou détérioration de terrains, pour chômage, modifications ou destructions d'usines, et pour tout dommage quelconque résultant des travaux, seront supportées et payées par la compagnie.

11. Pendant la durée des travaux, qu'elle exécutera par des moyens et des agents de son choix, la compagnie sera soumise au contrôle et à la surveillance de l'administration. Ce contrôle et cette surveillance auront pour objet d'empêcher la compagnie de s'écarter des dispositions qui lui sont prescrites par le présent cahier des charges, et de vérifier les éléments des comptes de dépenses.

12. Après l'achèvement des travaux, il sera procédé à une réception provisoire.

La réception définitive sera prononcée, s'il y a lieu, à l'expiration du délai de garantie, qui sera d'un an après la réception provisoire.

Pendant ce délai, la compagnie devra entretenir constamment en bon état les routes et les ouvrages qui en dépendent, de manière que la circulation y soit toujours facile.

Les frais d'entretien resteront entièrement à la charge de la compagnie, qui demeure soumise au contrôle et à la surveillance de l'administration pour tout ce qui concerne cet entretien.

Si, pendant le délai de garantie, les routes ne sont pas constamment entretenues en bon état, il y sera pourvu d'office, à la diligence de l'administration et aux frais de la compagnie.

La compagnie devra livrer les routes en parfait état d'entretien dans toutes leurs parties, pour avoir droit à la réception définitive.

13. Les réceptions pourront être partielles, pourvu qu'elles embrassent une route entière ou une section de route aboutissant à un centre de population.

14. Si, dans un délai de six mois à dater de l'approbation de sa soumission, la compagnie ne s'est pas mise en mesure de commencer les travaux qu'elle est chargée d'exécuter, et si elle ne les a pas effectivement commencés dans les deux mois qui suivront le jour où les terrains lui auront été livrés, le marché sera regardé comme nul et non avenu, sans qu'il y ait lieu à aucune mise en demeure ni notification quelconque. En outre, la somme de cent cinquante mille francs payée par la compagnie, en exécution de l'article 4 de la convention du 1er août 1857, pour le remboursement des avances faites, deviendra la propriété de l'Etat et restera acquise au trésor public.

15. Dans le cas où les travaux viendraient à languir faute de matériaux, d'ouvriers, etc., de manière à faire craindre qu'ils ne soient pas achevés dans le délai prescrit, le ministre, par un arrêté qui sera notifié à la compagnie, prescrira l'établissement d'une régie aux frais de ladite compagnie, si, à l'époque fixée, elle n'a pas satisfait aux dispositions qui lui seront indiquées.

Si, à l'expiration du délai, elle n'a pas satisfait à ces dispositions, il sera organisé immédiatement, et sans autre formalité, une régie aux frais de la compagnie. L'administration pourra ensuite, et selon les circonstances de l'affaire, ordonner la continuation de la régie ou prononcer la résiliation du marché, et faire procéder à une adjudication sur folle enchère.

Dans ces divers cas, les excédants de dépense seront prélevés sur les sommes qui pourraient être dues à la compagnie.

16. Si la compagnie employait des matériaux de mauvaise qualité, ou si les travaux n'étaient pas exécutés conformément aux règles de l'art et aux conditions du présent cahier des charges, les faits seraient constatés par des procès-verbaux qu'on notifierait à la compagnie. Elle serait mise en demeure de remplacer les matériaux reconnus défectueux et de remplir les conditions de son marché dans le délai qui lui serait fixé, faute de quoi il y serait pourvu à ses frais, et les dépenses seraient acquittées comme il est dit au dernier paragraphe de l'article précédent.

17. Le prix à forfait de quatre millions, fixé par l'article 1er ci-dessus, demeurera invariable et ne pourra être augmenté pour quelque motif que ce soit. Il sera payé conformément aux dispositions de la convention déjà mentionnée.

Les raccordements des routes agricoles avec les routes et chemins existants, ainsi que tous les travaux complémentaires dont la nécessité viendrait à être reconnue, soit avant, soit après l'ouverture des routes jusqu'au jour de la réception définitive, seront à la charge de la compagnie, et ne pourront donner lieu de sa part à aucune réclamation d'indemnité.

18. La compagnie devra avoir, dans chacun des chefs-lieux des départements de la Gironde et des Landes, un représentant auquel elle aura donné pouvoir d'agir pour elle.

Dans le cas où elle négligerait cette obligation, les significations ou notifications qu'il y aurait lieu de lui adresser seront valables lorsqu'elles auront été faites au secrétariat général de la préfecture.

19. Les contestations qui s'élèveraient entre la compagnie et l'adminis-

tration, au sujet de l'exécution et de l'interprétation des clauses du présent cahier des charges, seront jugées par le conseil de préfecture du département des Landes, sauf recours au conseil d'Etat.

Arrêté à Paris, le 1er août 1857.

Le Ministre de l'agriculture, du commerce et des travaux publics,

Signé E. ROUHER.

Cahier des charges pour l'établissement de chemins à rails de bois ou de fer sur l'un des accotements des routes agricoles des landes de Gascogne.

ART. 1er. Les chemins à rails de bois ou de fer que la compagnie des chemins de fer du Midi sera autorisée à établir latéralement aux routes agricoles des départements de la Gironde et des Landes, seront soumis aux dispositions qui suivent.

2. La largeur de l'accotement de la route agricole, le long duquel devra être posée la voie de bois, sera augmentée de deux mètres cinquante centimètres (2m,50).

La largeur de la voie entre les bords extérieurs des rails devra être d'un mètre quarante-cinq centimètres (1m,45).

Le profil en long ne sera autre que celui de la route elle-même.

3. A dater de l'homologation de la convention, la compagnie devra soumettre à l'approbation de l'administration supérieure, de trois mois en trois mois, le projet complet et définitif du chemin, pour une route au moins.

Le plan apporté à l'échelle de un à cinq mille indiquera la position et le tracé des gares de stationnement et d'évitement, ainsi que les lieux de chargement et de déchargement.

A ce même plan devront être joints un profil en long, suivant l'axe de la route, le tableau des pentes et rampes, un devis explicatif, comprenant la description des ouvrages, et notamment le projet détaillé de la voie en bois.

En cours d'exécution, la compagnie aura la faculté de proposer les modifications qu'elle jugerait utile d'introduire, mais ses modifications ne pourront être exécutées que moyennant l'approbation préalable et le consentement formel de l'administration supérieure.

4. Le chemin sera établi à une voie, sauf dans l'emplacement et aux abords des gares.

5. Les alignements se rattacheront suivant des courbes dont le rayon minimum sera de cent mètres (100m).

Cependant, dans le cas d'obstacles que l'administration appréciera, comme dans le cas de rencontre de deux lignes ou embranchements de chemins de bois, les raccordements pourront être établis au moyen de plaques tournantes.

6. Indépendamment des gares de départ et d'arrivée, il sera établi des gares intermédiaires partout où elles seront reconnues utiles.

Le nombre, l'emplacement, la surface et les dispositions de ces gares seront déterminés par l'administration, après enquête préalable.

7. Tous les bâtiments, gares et autres ouvrages quelconques seront établis en dehors de l'emplacement occupé par la route agricole.

8. Les croisements des routes impériales et départementales feront l'objet de projets spéciaux qui seront soumis à l'approbation de l'administration.

Les rails et la voie qui les supporte devront être disposés de manière qu'il ne résulte de ces croisements aucun obstacle pour la circulation.

9. La compagnie sera tenue de rétablir et d'assurer à ses frais l'écoulement de toutes les eaux dont le cours serait arrêté, suspendu ou modifié par les travaux dépendant de l'entreprise.

10. La compagnie ne pourra faire de dépôts sur aucune partie de la route agricole, ni obstruer les fossés, ni dénaturer, de quelque manière que ce soit, les ouvrages de la route, ni enfin exercer sur les dépendances de cette route d'autres servitudes que celles qui résulteront de l'établissement et de l'exploitation du chemin à rails.

11. Toutes les dépenses nécessaires pour l'établissement des chemins à rails, de quelque nature qu'elles soient, seront supportées par la compagnie.

12. La compagnie est substituée aux droits comme elle est soumise à toutes les obligations qui dérivent, pour l'administration, de la loi du 3 mai 1841.

13. L'entreprise étant d'utilité publique, la compagnie est investie de tous les droits que les lois et règlements confèrent à l'administration elle-même pour les travaux de l'Etat. Elle pourra, en conséquence, se procurer, par les mêmes voies, les matériaux de remblai et d'empierrement nécessaires à la construction et à l'entretien du chemin; elle jouira, tant pour l'extraction que pour le transport et le dépôt des terres et matériaux, des priviléges accordés par les mêmes lois et règlements aux entrepreneurs des travaux publics, à la charge, par elle, d'indemniser à l'amiable les propriétaires des terrains endommagés, ou, en cas de non-accord, d'après les règlements arrêtés par le conseil de préfecture, sauf recours au conseil d'État, sans que, dans aucun cas, elle puisse exercer de recours à cet égard contre l'administration.

14. Les indemnités pour occupation temporaire ou détériorations de terrains, pour chômage, modification ou destruction d'usines, et pour tout dommage quelconque résultant des travaux, seront supportées et payées par la compagnie.

15. Pendant la durée des travaux, qu'elle exécutera d'ailleurs par des moyens et des agents de son choix, la compagnie sera soumise au contrôle et à la surveillance de l'administration. Ce contrôle et cette surveillance auront pour résultat d'empêcher la compagnie de s'écarter des dispositions qui lui sont prescrites par le présent cahier des charges.

16. A mesure que les travaux d'un des chemins concédés seront terminés, il sera procedé à sa réception par un ou plusieurs commissaires que l'administration désignera; le procès-verbal du ou des commissaires délégués ne sera valable qu'après l'homologation par l'administration supérieure.

A partir de cette homologation, la comgagnie pourra mettre le chemin en service et y percevoir les droits de péage et les frais de transport ci-après déterminés.

17. Après l'achèvement des travaux, la compagnie fera faire à ses frais un bornage contradictoire et un plan cadastral de toutes les parties du chemin et de ses dépendances.

Elle fera dresser, également à ses frais, un état descriptif des ouvrages de toute espèce qui auront été exécutés.

Une expédition dûment certifiée des procès-verbaux de bornage, du plan cadastral et de l'état descriptif, sera déposée, aux frais de la compagnie, dans les archives de l'administration des ponts et chaussées.

18. Le chemin et toutes ses dépendances seront constamment entretenus en bon état, et de manière que la circulation soit toujours facile et sûre.

L'état du chemin et de ses dépendances sera reconnu annuellement, et plus souvent en cas d'urgence et d'accident, par un ou plusieurs commissaires que désignera l'administration.

Les frais d'entretien et ceux de réparation, soit ordinaires, soit extraordinaires, resteront à la charge de la compagnie, qui demeure soumise au contrôle et à la surveillance de l'administration pour tout ce qui concerne cet entretien et ces réparations.

Si le chemin une fois terminé n'est pas constamment entretenu en bon état, il y sera pourvu d'office, à la diligence de l'administration et aux frais de la compagnie. Le montant des avances faites sera recouvré par des rôles que le préfet du département rendra exécutoires.

19. Les frais de visite, de surveillance, de réception des travaux seront supportés par la compagnie.

Ces frais seront réglés par l'administration supérieure sur la proposition du préfet du département, et la compagnie sera tenue d'en verser le montant dans la caisse du receveur général pour être attribué à qui de droit.

En cas de non-versement dans le délai fixé, le préfet rendra un rôle exécutoire, et le montant en sera recouvré comme en matière de contribution publique.

20. Les chemins à rails de bois seront terminés dans un délai de quatre ans à partir du décret d'autorisation définitive.

Faute par la compagnie d'avoir entièrement exécuté et terminé les travaux du chemin dans les délais fixés ci-dessus, et faute aussi par elle d'avoir rempli les diverses obligations qui lui sont imposées par le présent cahier des charges, elle encourra la déchéance sans qu'il y ait lieu à aucune mise en demeure ni notification quelconque.

21. La contribution foncière sera établie en raison de la surface des terrains occupés par les dépendances du chemin, abstraction faite des terrains dépendant de la route agricole ; la cote en sera calculée, comme pour les canaux, conformément à la loi du 25 avril 1803.

Les bâtiments et magasins dépendants de l'exploitation seront assimilés aux propriétés bâties dans la localité.

22. Les règlements d'administration publique, rendus après que la compagnie aura été entendue, détermineront les mesures et les dispositions nécessaires pour assurer la police, l'usage et la conservation du chemin et les ouvrages qui en dépendent. Toutes les dépenses qu'entraînera l'exécution de ces mesures et de ces dispositions resteront à la charge de la compagnie.

La compagnie est autorisée à faire, sous l'approbation de l'administration, les règlements qu'elle jugera utiles pour le service et l'exploitation du chemin.

Les règlements dont il s'agit dans les deux paragraphes précédents seront obligatoires pour la compagnie, pour tous ceux qui obtiendraient ultérieurement l'autorisation d'établir des lignes d'embranchement ou de prolongement, et, en général, pour toutes les personnes qui emprunteraient l'usage du chemin de bois.

23. La compagnie ne pourra se servir de machines locomotives à vapeur sur les chemins de bois. Si plus tard elle était dans l'intention d'employer ce moyen de traction, elle en devrait faire l'objet d'une demande spéciale, sur laquelle il serait statué ce que de droit par l'administration.

24. Pour indemniser la compagnie des travaux et dépenses qu'elle s'engage à faire conformément au présent cahier des charges, et sous la condition expresse qu'elle en remplira exactement toutes les obligations, le Gouvernement lui concède, conformément à la convention en date du 1er août 1857, jusqu'à l'expiration de la concession des chemins de fer du Midi, l'autorisation de percevoir les droits de péage et les prix de transport ci-après déterminés.

Il est expressément entendu que les prix de transport ne seront dus à la compagnie qu'autant qu'elle effectuerait elle-même ce transport à ses frais et par ses propres moyens.

La perception aura lieu par kilomètre, sans égard aux fractions de distances; ainsi, un kilomètre entamé sera payé comme s'il avait été parcouru. De plus, pour toute distance parcourue, moindre de cinq kilomètres, le droit sera perçu comme pour cinq kilomètres entiers.

Le poids du tonneau ou de la tonne est de mille kilogrammes. Les fractions de poids ne seront comptées que par cinquième de tonne; ainsi, tout poids compris entre zéro et deux cents kilogrammes payera comme deux cents kilogrammes; entre deux cents et quatre cents, comme quatre cents, et ainsi de suite.

TARIF.	PRIX		
	de péage.	de transport.	TOTAL.
1° MARCHANDISE PAR TONNE ET PAR KILOMÈTRE.	fr. c.	fr. c.	fr. c.
Matériaux de construction destinés à l'exécution et à l'entretien des routes agricoles et des ouvrages d'art qui en font partie...............	0 05	0 15	0 20
Mêmes matériaux pour l'exécution et l'entretien des autres routes et chemins publics..........	0 06	0 15	0 21
Houilles, marnes, argiles, pierres, chaux, cendres et engrais de toute nature............	0 06	0 15	0 21
Bois et toutes autres marchandises............	0 11	0 15	0 26
2° OBJETS DIVERS PAR TONNE ET PAR KILOMÈTRE.			
Wagon, chariot ou autre voiture destinée au transport sur le chemin, y passant à vide......	0 07	0 13	0 20

Tout wagon, chariot ou voiture dont le chargement ne comportera pas un péage au moins égal à celui qui serait perçu sur ces mêmes voitures à vide sera considéré et taxé comme étant à vide.

Dans le cas où la compagnie jugerait convenable d'abaisser au-dessous des limites déterminées par le tarif les taxes qu'elle est autorisée à percevoir, les taxes abaissées ne pourront être relevées qu'après un délai de trois mois au moins.

Tous changements apportés dans les tarifs devront être homologués par des arrêtés du préfet rendus sur la proposition de la compagnie et annoncés au moins un mois d'avance par des affiches.

La perception des taxes devra se faire par la compagnie indistinctement et sans aucune faveur. Dans le cas où des perceptions auraient eu lieu à des prix inférieurs à ceux des tarifs, l'administration pourra déclarer la réduction consentie applicable à tous les articles d'une même nature. La taxe ainsi réduite ne pourra, comme pour les autres réductions, être relevée avant un délai de trois mois.

25. Dans le cas où, par la suite, la compagnie se proposerait de perfectionner le système de la voie et d'accélérer la vitesse de manière à permettre de faire le transport des bestiaux et marchandises à des vitesses de plus de dix kilomètres à l'heure, ainsi que le transport des voyageurs, les conditions et les tarifs applicables à ce nouveau mode d'exploitation seraient réglés par l'administration supérieure, sur les propositions de la compagnie.

26. Les droits de péage et les prix de transport déterminés au tarif précédent ne sont pas applicables :

1° A toute voiture pesant avec son chargement plus de quatre mille kilogrammes ;

2° A toute masse indivisible pesant plus de deux mille cinq cents kilogrammes.

Néanmoins, la compagnie ne pourra se refuser ni à transporter les masses indivisibles pesant de deux mille cinq cents à trois mille cinq cents kilogrammes, ni à faire ou laisser circuler toute voiture qui, avec son chargement, pèserait de quatre mille à cinq mille kilogrammes; mais les droits de péage et les frais de transport seront augmentés de moitié.

La compagnie ne pourra être contrainte à transporter les masses indivisibles pesant plus de trois mille cinq cents kilogrammes ; ni à faire ou laisser circuler les voitures qui, chargement compris, pèseraient plus de cinq mille kilogrammes.

27. Les prix de transport déterminés au tarif ne sont pas applicables :

1° Aux denrées et objets qui, sous le volume d'un mètre cube, ne pèsent pas deux cents kilogrammes;

2° A tout paquet ou colis pesant isolément moins de deux cents kilogrammes, à moins que ces paquets ou colis ne fassent partie d'envois, pesant ensemble au delà de deux cents kilogrammes, d'objets adressés par une même personne à une même personne, quoique emballés à part.

Dans les deux cas ci-dessus spécifiés, les prix de transport seront arrêtés par l'administration, sur les propositions de la compagnie.

Au-dessous de cent kilogrammes, et quelle que soit la distance parcourue, le prix de transport d'un colis ne pourra être taxé à moins de soixante centimes.

28. La compagnie sera tenue d'effectuer, sans retard et d'une manière suivie, sur chacun des chemins concédés, le transport des matériaux de construction et d'entretien de la route qui auront été déposés aux divers lieux de chargement. Ce transport sera obligatoire jusqu'à concurrence

de trente tonnes par jour au prix réduit de vingt centimes (0 f. 20) par tonne et par kilomètre stipulé au tarif.

Tout transport de matériaux pour lequel la compagnie ne se serait pas conformée aux dispositions qui précèdent, ne donnera lieu qu'à une perception de dix centimes (0 f. 10) par tonne, sans préjudice des dommages-intérêts, s'il y a lieu.

29. Si le Gouvernement avait besoin de diriger un matériel militaire sur l'un des points desservis par la ligne du chemin de bois, la compagnie serait tenue de mettre immédiatement à sa disposition, et au prix réduit de vingt centimes (0 f. 20) par tonne et par kilomètre, tous les moyens de transport établis pour l'exploitation du chemin.

30. Au moyen de la perception des prix et des droits réglés ainsi qu'il vient d'être dit, la compagnie contracte l'obligation d'exécuter constamment avec soin, exactitude et célérité, à ses frais et par ses propres moyens, le transport des denrées, marchandises et matières quelconques qui lui seront confiées.

Les frais accessoires non mentionnés au tarif, tels que ceux de chargement, de déchargement et d'entrepôt dans les gares et magasins de la compagnie, seront fixés par un règlement qui sera soumis à l'approbation de l'administration supérieure.

31. A toute époque, après l'expiration des quinze premières années à dater du délai fixé par l'article 20 pour l'achèvement des travaux, le Gouvernement aura la faculté de racheter la concession entière du chemin. Pour régler le prix de rachat, on relèvera les produits nets annuels obtenus par la compagnie pendant les sept années qui auront précédé celle où le rachat sera effectué, on en déduira le produit des deux plus faibles années, et l'on établira le produit au moyen de cinq autres.

Il sera ajouté à ce produit net le tiers de son montant, si le rachat a lieu dans la première période de cinq années, à dater de l'époque où le droit en est ouvert au Gouvernement; un quart si le rachat n'est opéré que dans la seconde période de cinq années, et un cinquième seulement pour les autres périodes.

Le produit net moyen, accru ainsi qu'on vient de le dire, formera le montant d'une annuité qui sera due et payée à la compagnie pendant chacune des années restant à courir sur la durée de la concession.

32. Si, à une époque quelconque, des modifications ou améliorations survenues dans les moyens de transport des landes, ou toute autre cause, venaient à rendre inutiles un ou plusieurs des chemins à rails de bois ou de fer, la compagnie, sur sa demande, pourra être autorisée par l'administration supérieure à les supprimer.

Dans ce cas, la zone de deux mètres cinquante centimètres de largeur, sur laquelle doit être établi le chemin à rails, sera définitivement incorporée à la route; la compagnie sera tenue, dans le délai qui sera fixé par l'administration, d'en régler la surface suivant le profil de la route, et de remettre en état toutes les parties de la voie publique qu'elle aurait empruntées.

La compagnie aura le droit de disposer, comme elle avisera, des matériaux de la voie ainsi que des terrains et des établissements qu'elle aurait acquis ou créés en dehors des superficies occupées par les chemins à rails, sauf le droit de rétrocession résultant, pour les anciens propriétaires, de l'article 60 de la loi du 3 mai 1841.

33. A l'époque fixée pour l'expiration de la présente concession et par

le fait seul de cette expiration, le Gouvernement sera subrogé à tous les droits de la compagnie dans la propriété des terrains et des ouvrages désignés au plan cadastral mentionné à l'article 17.

Il entrera immédiatement en jouissance du chemin, de toutes ses dépendances et de tous ses produits.

La compagnie sera tenue de remettre en bon état d'entretien le chemin à rails, les ouvrages qui le composent et ses dépendances, tels que gares, lieux de chargement et de déchargement, établissement au point de départ et d'arrivée, maisons de garde et de surveillants, bureaux de perception, machines fixes, grues, ponts à bascules, et en général tous autres objets immobiliers qui n'auront pas pour destination distincte et spéciale le service des transports.

Dans les cinq dernières qui précéderont le terme de la concession, le Gouvernement aura le droit de mettre saisie-arrêt sur les revenus du chemin, et de les employer à rétablir en bon état ledit chemin et toutes ses dépendances, si la compagnie ne se mettait pas en mesure de satisfaire pleinement et entièrement à cette obligation.

Quant aux objets mobiliers tels que wagons, chariots, voitures, matériaux et approvisionnements de tout genre, et objets immobiliers, tels que écuries pour bêtes de trait, remises de voitures, ateliers de sellerie et tous autres non compris dans l'énumération précédente, l'État sera tenu de les reprendre, à dire d'experts, si la compagnie le requiert, et réciproquement, si l'État le requiert, la compagnie sera tenue de les céder également à dire d'experts.

34. Toute exécution ou toute autorisation ultérieure de route, canal, chemin à rails de bois ou de fers dans la contrée où sont situés les chemins projetés, ou dans toute autre contrée voisine ou éloignée, ne pourra donner ouverture à aucune demande en indemnité de la part de la compagnie.

35. Le Gouvernement se réserve expressément le droit d'accorder de nouvelles concessions de chemins à rails de bois s'embranchant sur ceux qui font l'objet du présent cahier des charges, ou qui seraient établis en prolongement des mêmes chemins.

La compagnie ne pourra mettre aucun obstacle à ces embranchements ou prolongements, ni réclamer, à l'occasion de leur établissement, aucune indemnité quelconque, pourvu qu'il n'en résulte aucune difficulté pour la circulation, ni aucuns frais particuliers pour la compagnie.

Les concessionnaires des chemins d'embranchement ou de prolongement auront la faculté, moyennant les tarifs ci-dessus déterminés et l'observation des règlements de police et de service établis ou à établir, de faire circuler leurs voitures et wagons sur les chemins que concerne le présent cahier des charges. Cette faculté sera réciproque pour ces derniers à l'égard desdits embranchements et prolongements.

36. Les agents et gardes que la compagnie établira, soit pour opérer la perception des droits, soit pour la police et la surveillance du chemin et des ouvrages qui en dépendent, pourront être assermentés, et seront, en ce cas, assimilés aux gardes champêtres.

37. La compagnie devra avoir au chef-lieu du département un représentant auquel elle aura donné pouvoir d'agir pour elle.

Dans le cas où elle négligerait cette obligation, les significations ou notifications qu'il y aurait lieu de lui adresser seront valables lorsqu'elles auront été faites au secrétariat de la préfecture.

38. Les contestations qui s'élèveraient entre la compagnie et l'administration, au sujet de l'exécution ou de l'interprétation des clauses du présent cahier des charges seront jugées administrativement par le conseil de préfecture du département des Landes, sauf recours au conseil d'Etat.

Arrêté à Paris, le 1er août 1857.

Le Ministre de l'agriculture, du commerce et des travaux publics,

Signé E. Rouher.

TABLE DES MATIÈRES.

Paris, imprimerie de Paul Dupont,
rue de Grenelle-Saint-Honoré, 45

www.ingramcontent.com/pod-product-compliance
Ingram Content Group UK Ltd.
Pitfield, Milton Keynes, MK11 3LW, UK
UKHW020320180726
13839UKWH00002B/504